PROLOGUE
논리와 놀이의 공통점

나는 어릴 때부터 어른이 된 지금까지 초등생 아이들과 같이 노는 걸 좋아한다. 아이들보다 몸이 크고 힘이 세니 놀이를 할 때 조금 더 선택의 여지가 있었고, 아이들보다 경험과 생각이 많으니 재미있어 할만한 놀이들을 쉽게 생각해 낼 수 있었다. 그래서 아이들도 나랑 노는 것을 좋아한다.

아이들에게 논리학을 가르칠 때도 이런 장점들을 살릴 수 있을까?
원고를 구성할 때 처음에는 어려움이 많았다. 논리학과 사고력 분야를 전공해서 이것저것 가르치고 싶은 것이 많으니, 더욱 어려움을 느꼈다.
먼저 논리학을 배웠다는 느낌보다는 논리적 사고력을 키우기 위해서 꼭 생각해야 할 것들을 모았다.
논리학이라는 새로운 것을 배웠는데, 정작 어려운 생각을 할 때는 그걸 다 잊지 않도록 하고 싶었다. 논리학자가 대학생들에게 설명할 내용 중에서 쉬운 것을 간추려 놓은 것이 아니라, 초등생의 지성과 감성을 논리적으로 발달시키기에 필요한 최소

한의 것을 설명하려고 했다.

축구를 처음 하는 초등생에게 축구 기술을 가르치는 것이 아니라, 축구공을 가지고 노는 것을 좋아하도록 하면서, 동시에 장래에 필요한 기초를 숙달시키듯이 그렇게.

설명 할 내용을 정하고 나자, 설명 방식에 대한 욕심이 생겼다.

그래서 끊임없이 아이들과 놀 때의 감성을 앞세워서 원고를 쓰려고 노력했다. 지금은 훌쩍 커버려서 말을 잘 듣지 않는 사춘기 우리 아이들을 초등학생으로 되돌려 상념 속에 소환했던 것이다.

그 사실을 아이들이 알면 어떤 표정을 지을까?

우리 아이들이 초등생일 때 이 책을 쓸 수 있었더라면 더욱 좋았으련만.

원고 전체와 관련해서 좋은 기획과 적절한 조언을 해 주신 박선영 대표님께 감사드린다.

책이 예쁘게 만들어져서 매우 기쁘다.

2023년 여름

이창후

= 목차 =
CONTENTS

PROLOGUE **논리와 놀이의 공통점** ～～～～ 002

논리적 사고는 **왜 필요할까?**

문제를 해결하는 힘 : **사고력** ～～～～ 008
목숨을 구한 지혜 : **논리적 추리** ～～～～ 016
생각의 거울 : **글쓰기** ～～～～ 022

논리적 사고는 **어떻게 하는 걸까?**

놀부의 착각 : **주장** ～～～～ 032
아기 공룡 디아노의 고민 : **현안** ～～～～ 042
유리 구두의 주인 : **근거** ～～～～ 051
솔로몬 왕의 지혜 : **연역** ～～～～ 060
포피의 기다림 : **귀납** ～～～～ 069

논리적 사고를 위해 필요한 건 뭘까?

그 뜻이 아니었어 : **분명성** 080
제 꾀에 넘어간 당나귀 : **타당성** 089
공룡이 걱정이야 : **진리성** 099
자신만 아는 비밀 : **유관성** 109
토끼의 잘못된 자신감 : **생각의 깊이** 118
오히려 넘어지길 잘했어 : **폭넓은 생각** 127

논리적 사고로 더 깊고 넓게 생각해 볼까?

그림자를 보고 놀란 곰탱이 : **정보** 138
토끼 친구 거북이 : **함축** 145
친구를 살린 지혜 : **전제** 152
진도가 하고 싶었던 말 : **개념** 161
시험의 진짜 해답 : **목적** 169

EPILOGUE 무엇이든 잘 하고 싶어 : **생각의 힘** 178
LOGICAL THINKING EXERCISE NOTE 185

PART 1
논리적 사고는 왜 필요할까?

여러분. 우리는 이 책을 읽으면서 논리적 사고력을 키우는 방법에 대해서 생각해 볼 거예요.
논리적 사고력을 키우면 우리는 더 많은 것을 할 수 있답니다. 몰랐던 것을 알게 되고, 만들 수 없던 것을 만들게 되고, 해결할 수 없던 문제를 해결할 수 있게 됩니다.
그것은 우리가 살아가는 데 도움이 되는 매우 강력한 힘이랍니다.

그런데. 힘을 키운다는 것은 항상 힘든 일이에요. 팔과 다리의 강한 근육이 필요한 운동선수들을 생각해 보세요. 강한 근육을 키우기 위해서는 무거운 역기를 들고 땀을 흘리면서 운동해야 하지요. 근육의 힘만큼이나 생각의 힘을 키우는 일도 노력이 필요합니다. 꾸준히 노력하다 보면 결국 무거운 무게를 들고 근육을 키울 수 있는 것처럼 말이죠.
논리적 사고력을 키우기 위해서도 쉬운 생각부터 어려운 생각까지 다양한 연습을 해야 한답니다.

먼저 논리적 사고력이 왜 필요한지를 여러 이야기를 통해 알아볼 거예요.
재미있는 이야기를 읽으면서, 왜 논리적 사고력이 필요한지 생각해 봅시다.

사고력
문제를 해결하는 힘

"아, 이곳에 도둑이 많군요. 역시 이곳 사정을 훤히 아시네요.
그러면 일단 금화를 묻어둔 곳으로 다시 가서
금화가 잘 있는지 확인해야겠습니다. 그곳이 안전하다면
금화 300닢이 든 주머니도 같이 묻어야겠어요."

옛날에 한 장사꾼이 있었습니다.

그 장사꾼은 큰돈을 벌기 위해 도성으로 떠났습니다.

주머니에는 금화 100닢을 두둑이 준비했지요.

그런데 장사를 준비하기 위해 도성에 머물면서 이것저것 알아보던 장사꾼에게 한 가지 걱정이 생겼습니다.

"낯선 도성에 혼자 있는데, 혹시 누가 내 돈을 훔쳐 가면 어쩌지?"

장사꾼은 장사 준비를 위해 하루 종일 이곳저곳을 돌아다녀야 했습니다.

금화 100닢은 매우 무거워서 매일같이 들고 다니기는 힘들었죠.

그렇다고 모르는 사람에게 큰돈을 덜컥 맡겨 놓을 수도 없었지요.

고민하던 장사꾼의 머릿속에 좋은 방법이 떠올랐어요.

장사꾼은 곧장 사람이 없는 으슥한 숲에 가서 금화를 모두 땅에 묻어두었지요.

다음 날. 금화가 안전한지 확인해 봐야겠다고 생각한 장사꾼.

하지만 금화를 묻어둔 자리를 파헤쳐 보고는 깜짝 놀라고 말았습니다.

"아니, 내 금화 100닢이 하나도 없네! 모두 어디로 간 거지?"

장사꾼은 하늘이 무너지는 것 같은 충격을 받았어요.

그 돈이 없으면 도성에서 장사를 하는 건 불가능했거든요.

PART 1. 논리적 사고는 왜 필요할까?

하지만 차분히 생각을 했습니다.

주위도 천천히 둘러보았죠.

아니나 다를까, 커다란 나무 뒤 멀찍한 곳에 작은 집 한 채가 보였습니다.

금화를 묻을 때는 보지 못했던 집이었어요.

장사꾼은 곧장 달려가서 그 집 담장을 살펴봤지요. 그리고 담장 한쪽에서 자신이 금화를 묻은 장소가 훤히 보이는 구멍을 발견했어요.

"이런! 이 집주인이 내가 금화를 묻는 것을 보고 가져간 것이 틀림없어!"

장사꾼은 화가 났어요.

당장 그 집주인에게 금화를 내놓으라고 소리치고 싶었습니다.

하지만 마음을 가라앉히고 다시 생각했죠.

"그 사람에게 화를 내는 게 무슨 소용이겠어. 그 사람이 금화를 모른다고 말하면 더 다그칠 수도 없지. 그리고 그 사람이 내 금화를 가져갔다는 증거도 없잖아? 이를 어쩐담."

장사꾼은 골똘히 생각했어요. 그러자 좋은 해결책이 떠올랐습니다.

잠시 후 마음을 가다듬고 그 집 문을 두드렸어요.

문을 열어 준 집주인은 뜻밖에 할아버지였어요.

장사꾼은 공손하게 물었습니다.

PART I. 논리적 사고는 왜 필요할까?

"어르신께 여쭙고 싶은 것이 있습니다. 저는 시골에서 이 도성으로 장사를 하러 왔는데, 이곳 사정도 잘 모르고 의논을 할 사람도 없습니다. 그래서 인생 경험이 풍부한 어르신의 지혜를 좀 빌렸으면 합니다."
"무슨 이야긴지 한번 들어나 봅시다."
집주인이 호기심 어린 눈으로 대답했어요.

"저는 장사를 하기 위해 돈 자루를 두 개 준비해 왔습니다. 하나는 금화 100닢이 든 주머니고 다른 하나는 금화 300닢이 든 주머니입니다. 일단 금화 100닢이 든 작은 주머니는 아무도 모르는 곳에 묻어 두었습니다. 그런데 금화 300닢이 든 큰 주머니도 당장 쓸 일이 없습니다. 이 금화 주머니를 어디에 보관하는 것이 가장 안전할까요? 어르신은 이곳 사정을 잘 아시니 제게 좋은 방법을 알려주실 것 같아요."
집주인 할아버지는 잠시 생각하더니 대답했습니다.
"이 도성에는 도둑이 많아요. 그러니 금화를 직접 가지고 있는 것은 위험하지요. 금화를 이미 아무도 모르는 곳에 묻어서 잘 보관하고 있다고요? 그렇다면 다른 금화도 거기에 같이 묻어 두는 것이 안전할 거요."
"아, 이곳에 도둑이 많군요. 역시 이곳 사정을 훤히 아시네요. 그러면 일단 금화를 묻어둔 곳으로 다시 가서 금화가 잘 있는지 확인해야겠습니다. 그곳이 안전하다면 금화

초딩 인생 처음 논리

300닢이 든 주머니도 같이 묻어야겠어요."

장사꾼은 그렇게 말하고는 할아버지의 집을 나왔어요.

그러고는 숲속에 숨어서 자신이 금화를 묻어 두었던 곳을 지켜보았습니다.

아니나 다를까, 곧 집주인이 금화 주머니를 가지고 나와서는 장사꾼이 처음 묻어두었던 자리에 다시 묻는 게 아니겠어요.

집주인은 장사꾼이 금화 주머니를 보고 안심하면 300닢이 든 큰 금화 주머니도 함께 묻을 거라고 생각했어요. 그러니 당장은 100닢을 돌려주는 거지만 곧 300닢의 금화까지 얻을 수 있다고 생각한 거지요.

금화 주머니를 다 묻은 집주인이 사라지자, 장사꾼은 자신의 금화 100닢을 꺼내어 유유히 돌아갔답니다.

이야기 속에서 장사꾼은 자신의 전 재산인 금화를 잃어버렸지요. 우리에게도 이와 같은 큰 문제가 생길 수 있습니다. 이럴 때 가장 필요한 것이 생각하는 힘, 즉 **#사고력**입니다.

장사꾼의 사고력이 부족했다면 어땠을까요?
화가 나서 집주인에게 금화를 당장 내놓으라고 다그쳤을 것입니다. 하지만 그 결과는 좋을 리가 없지요.
"증거도 없이 이 사람이 나를 도둑으로 몰고 있습니다!"
집주인은 도성의 다른 사람들에게 하소연을 했을 거예요. 그러면 집주인과 친한 도성 사람들은 집주인의 편을 들고 장사꾼을 처벌할지도 모릅니다. 화를 낸다고 문제가 해결되는 건 아니죠.

그래서 장사꾼은 사고력으로 문제를 해결했어요. 힘을 쓰지도 않았고, 누군가와 싸우지도 않았습니다. 그러면서도 무사히 금화를 되찾았죠. 이처럼 잘 생각하는 힘은 팔과 다리의 완력보다도 강력합니다.

살다 보면 생각하지 못한 위기가 닥치기도 해요. 때로는 자신의 생각 속에서 길을 잃기도 하지요. 그럴 때, 사고력은 곤란하고 난감한 상황을 이겨낼 수 있는 열쇠가 될 수 있어요. 우리가 살아가는 데에 꼭 필요한 힘이지요.
하지만 우리는 종종 사고력의 중요성을 잊어버리곤 해요.
강한 팔다리의 힘은 눈에 잘 보이지만, 뛰어난 사고력은 눈에 잘 보이지 않기 때문이에요.

어떻게 하면 사고력을 쑥쑥 키울 수 있을까요?

우선 머릿속의 생각을 잘 이해하고 발달시켜 나가야 합니다. 사고력도 일종의 힘이 랍니다.

그래서 사고력을 키우는 것은 운동선수가 신체의 힘을 키우는 것과 비슷한 점이 있어요. 운동선수들이 신체를 발달시킬 때 몸을 잘 이해하고 힘을 키우죠. 우리도 우리 자신의 생각을 잘 이해하고 사고력을 키워야 합니다.

하지만 무엇보다도, 뛰어난 사고력이 정말 중요하다는 것, 앞으로 자라면서 겪게 될 많은 문제에서 생각하는 힘이 도움이 된다는 것을 항상 기억해야 한답니다.

#사고력
생각하고 궁리하는 힘

논리적 추리
목숨을 구한 지혜

"사자님, 늙어서 곧 죽을 지경이라고요?
그런데 사자님에게 작별 인사를 하러 다가간 동물들의 발자국은
여기 남아있는데, 왜 되돌아 나온 발자국은 하나도 없나요?"

아프리카의 동물 왕국에 할아버지 사자가 있었습니다.

젊었을 때의 용맹함과 넘치는 힘은 온데간데없이, 늙고 병 들어서 축 늘어진 채로 죽을 날만 기다리고 있었지요. 하지만 배고픔만은 나이가 들어도 사라지지 않았어요.

"아이고, 배가 고파 죽겠다~. 힘이 없어서 사냥도 못하는데, 먹이를 어떻게 잡지?"

이리저리 고민하던 사자는 꾀를 하나 냈습니다.

"그래, 좋은 생각이 있어! 그렇게 하면 재빠른 녀석들도 쉽게 잡아먹을 수 있을 거야."

사자는 자신의 꾀에 싱긋 미소를 지었어요.

그러고는 곧 동물 왕국에 소문을 냈습니다.

> 사자가 늙어 힘이 없고 죽음을 앞두고 있다.
> 모든 동물들은 사자의 집으로 작별 인사를 하러 오라

평소에 사자를 두려워했던 많은 동물들이 소문을 듣고 작별 인사를 하러 사자를 찾아 왔습니다. 얼룩말도 그중 하나였지요.

"사자님, 곧 세상을 떠난다는 소식을 듣고 작별 인사를 하러 왔습니다."

얼룩말이 멀찍이 서서 사자에게 인사를 건넸어요.

저 멀리 보이는 사자가 힘이 없어 보이긴 했지만,

그래도 얼룩말은 사자가 무서웠거든요.

"얼룩말아, 와 줘서 고맙구나. 그런데 난 이제 늙어서 꼼짝도 할 수 없고, 귀도 잘 안 들리니 이리 가까이 와서 말하거라."

사자는 두려워하는 얼룩말에게 힘없는 목소리로 말했습니다.

얼룩말은 잠시 망설이다가 사자의 곁으로 가까이 다가갔어요.

그러자 사자가 벌떡 일어나서 얼룩말을 잡아먹어 버렸어요.

맞아요. 얼룩말은 사자의 꾐에 넘어간 거예요

영리한 여우도 소문을 듣고 사자를 찾아갔습니다.

사자는 한적한 들판에 곧 죽을 것처럼 쓰러져 있었어요.

하지만 여우도 사자가 두려웠답니다.

"아이고~. 여우가 문병을 왔구나. 이제 나는 늙어서 움직일 힘이 없으니 가까이 와서 마지막 작별 인사를 나누자꾸나."

사자는 얼룩말에게 했던 것처럼 여우에게 가까이 오라고 말했습니다.

하지만 여우는 망설였어요.

사자에게 가까이 가는 게 정말 안전할지 걱정이 되었지요.

그래서 여우는 주변을 자세히 살펴보았어요.

초딩 인생 처음 논리

PART 1. 논리적 사고는 왜 필요할까?

사자에게 다가간 동물들의 발자국이 보였어요.

하지만 되돌아 나온 동물의 발자국은 하나도 보이지 않았어요.

그제서야 여우는 알게 되었지요.

사자에게 다가가면 잡아먹힌다는 무시무시한 사실을요.

"사자님. 늙어서 곧 죽을 지경이라고요? 그런데 사자님에게 작별 인사를 하러 다가간 동물들의 발자국은 여기 남아있는데, 왜 되돌아 나온 발자국은 하나도 없나요?"

늙은 사자는 자신의 계획이 들통난 것을 알아챘어요.

화가 난 사자는 벌떡 일어나서 여우에게 달려들었습니다.

하지만 여우는 벌써 저만치 멀어져 있었어요.

그러고는 계속 도망치며 말했어요.

"저도 다른 동물들처럼 사자님의 먹잇감이 될 거라고 기대하셨나요? 이제 더 이상은 아무도 제 발로 사자님의 먹이가 되려고 찾아오지 않을 거예요!"

무사히 달아난 여우는 동물 왕국에 사자의 거짓말을 알렸답니다.

How to Think 어떻게 생각해야 할까?

얼룩말은 사자가 퍼뜨린 소문만 믿고 행동했습니다. 그래서 사자의 먹잇감이 되고 말았지요. 하지만 영리한 여우는 달랐습니다. 사자의 거짓말을 알아차리고 무사히 살아서 돌아올 수 있었어요. 그뿐 아니라 다른 동물들의 목숨까지도 구할 수 있었지요. 여우와 사자의 이야기에서 우리는 무엇을 배워야 할까요?

그것은 바로 **#논리**적으로 추리하는 힘입니다.
여우가 어떻게 무시무시한 사자의 먹잇감이 되지 않을 수 있었나요? 사자보다 힘이 세서 싸워 이긴 것도 아닌데 말이에요. 그건 바로 여우가 영리하게 생각하고 추리했기 때문이랍니다.

> **#논리**
> 말이나 글에서 사고나 추리 따위를 이치에 맞게 이끌어 가는 과정이나 원리

여우는 사자의 말을 믿기 전에 다시 한 번 생각했어요. 그러고는 동물들의 발자국을 보고 앞으로 일어날 일을 예측할 수 있었습니다. 동물들의 발자국은 눈으로 보면 바로 알 수 있는 것입니다. 하지만 아직 일어나지 않은 앞일은 쉽게 알 수 없지요. 그렇지만 여우는 자신이 알게 된 것을 통해서 새로운 사실을 알아냈어요. 이것을 '논리적 추리'라고 부른답니다.

여우가 논리적 추리를 하지 않고 사자에게 다가갔다면 어땠을까요?
얼룩말처럼 사자에게 먹히고 말았을 거에요. 하지만 여우는 논리적 추리를 했지요. 그래서 아무런 상처도 없이 안전하게 목숨을 구했습니다. 그뿐 아니라 다른 동물들에게도 도움이 될 수 있었고요.
이처럼 논리적 추리의 힘은 동물의 왕인 사자의 힘보다 훨씬 더 강하답니다.

PART 1. 논리적 사고는 왜 필요할까?

글쓰기
생각의 거울

"거울이 사라지자 백성들은 스스로의 모습을 못 보게 되었습니다.
더 이상 자신을 꾸미려고 하지도 않고,
몸에 더러운 것이 묻어도 알지 못했습니다."

어느 나라에 왕과 왕비가 살고 있었습니다.

두 사람은 나라를 잘 다스려서 백성들의 일상은 평화롭고 풍족했어요.

그러던 어느 날 왕비는 거울 속에서 자신의 늙은 모습을 보게 되었어요.

젊을 때 아름답고 눈부셨던 왕비의 얼굴은 온데간데없고, 거울 속에는 늙고 주름진 노파의 모습이 보였어요.

속이 상한 왕비는 더 이상 거울을 보고 싶지 않았어요.

그래서 왕에게 간청했습니다.

"왕이시여. 이제 왕국이 평화롭고 풍족해졌다고 백성들이 일도 열심히 하지 않아요. 거울을 들여다보면서 외모를 꾸미느라 정신이 팔렸거든요. 그러니 우리 왕국에서 거울을 없애야 해요."

그 말을 들은 왕이 신하들에게 명령을 내렸습니다.

"온 나라의 거울을 모조리 없애라. 지금부터는 누구도 거울을 봐서는 안 된다."

처음에는 거울이 없어도 별문제가 없었습니다.

거울은 배고플 때 먹는 음식도 아니고 추울 때 입는 옷도 아니었으니까요.

더군다나 거울이 없는 세상이 더 편하기도 했답니다.

"거울을 안 보니까 전보다 더 편한 걸."

"맞아. 더 이상 거울을 보고 치장을 하지 않아도 돼."

거울을 보면서 자신의 외모를 고민했던 백성들은 오히려 좋아했어요.

"그동안 거울을 볼 때마다 내 모습이 마음에 안 들었어."

"지금은 그런 고민 따위 없어서 좋아."

"맞아. 거울이 없어도 얼마든지 옷을 입을 수 있거든."

그런데 아무도 거울을 보지 않자, 왕국에는 조금씩 문제가 생겨났어요.

"야. 네 얼굴에 검은 때가 묻었어."

"넌 머리 모양이 엉망이야. 방금 자다가 일어난 것 같은데?"

처음에는 백성들의 외모가 흐트러질 뿐이었어요.

그러다 얼마 지나지 않아 왕국에는 전염병이 생겨났어요.

병이 순식간에 퍼지면서 수많은 백성들이 죽게 되었습니다.

왕과 왕비는 수많은 백성들이 하루아침에 죽어나가는 것을 보며 큰 충격을 받았고,

급히 왕국에서 제일 현명하기로 소문난 신하를 불렀어요.

"여봐라, 우리 왕국에 왜 전염병이 퍼지게 되었는지 당장 밝혀내어라."

명령을 받은 신하는 곧장 왕국을 돌아다니며 알아보기 시작했어요.

마침내 신하가 조사를 마치고 돌아오자 왕과 왕비가 물었습니다.

"그래, 우리 왕국에 왜 전염병이 퍼졌는지 알아내었느냐? 어떻게 해야 이 병을 막을 수 있는 것이냐?"

신하는 전염병이 생겨나 백성들이 병에 걸리게 된 원인을 설명했습니다.

"왕국에 전염병이 퍼진 이유는 거울이 없어졌기 때문입니다."

그러자 왕비가 이해할 수 없다는 표정으로 물었습니다.

"거울이 전염병과 무슨 상관이냐?"

신하가 설명했습니다.

"거울이 사라지자 백성들은 스스로의 모습을 못 보게 되었습니다. 더 이상 자신을 꾸미려고 하지도 않고, 몸에 더러운 것이 묻어도 알지 못했습니다. 더러운 상태로 지내니 병균이 생겨났고, 그 병균이 사람들의 몸속으로 들어가면서 전염병이 퍼진 것입니다."

그 말을 들은 왕과 왕비는 다시 신하들에게 명령을 내렸습니다.

"온 백성들은 항상 거울로 자신의 모습을 들여다보도록 하라."

How to Think 어떻게 생각해야 할까?

거울로 자신의 모습을 비춰보는 것은 별로 중요해 보이지 않습니다. 왕국의 백성들이 생각한 것처럼, 거울은 없으면 굶어 죽는 음식도 아니고 추위를 막아 주는 따뜻한 옷도 아니기 때문이지요.

하지만 사소해 보이는 거울의 역할이 매우 중요하다는 사실이 드러났습니다. 거울에 자신을 비춰보지 않자 얼굴이 지저분해지는 것은 별일 아닌 것 같았지만 결국은 아주 큰 문제를 가져오는 원인이 됐어요. 전염병이 생겨났고, 수많은 사람들이 목숨을 잃게 된 것입니다.

그런데 우리의 생각에도 이런 일이 생길 수 있다는 걸 아나요?

거울에 얼굴을 비추어 지저분한 것을 발견하듯, 생각도 거울에 비추어 잘못된 부분이 없는지 확인하고 바른 생각을 하도록 노력해야 해요. 아니면 우리도 잘못된 생각을 하게 될 수 있어요.

생각의 거울은 바로 '글'입니다.

머릿속에 떠오르는 생각은 순식간에 사라지곤 해요. 그럴 때는 우리의 생각을 글로 써서 꼼꼼히 살펴봐야 잘못된 부분을 발견할 수 있지요.

거울을 보지 않고 열심히 옷을 입는다면 어떨까요?

옷매무새가 비뚤어지기 쉽습니다.

생각도 마찬가지예요.

글을 통해 생각을 비춰보지 않고 혼자만의 생각에 빠져있다면 어떨까요?

어딘가 잘못된 생각이 섞여도 알아채지 못하고 잘못된 결과를 낳게 되겠지요.

생각의 힘을 키우고 싶다면, 항상 글로 자신의 생각을 비춰봐야만 합니다. 글을 쓰고 다시 읽어보면서 자신의 생각에서 어떤 점이 옳고 어떤 점이 잘못인지 살펴보는 습관이 중요해요.
이 책에서는 생각을 비추는 거울로 '**#현안**, **#주장**, **#근거**'의 틀을 배울 것입니다.

기억하세요.
생각을 글로 옮긴 다음, 자신의 생각을 '현안, 주장, 근거'로 정리해 보는 거예요.
바로 논리적 사고의 힘을 키우는 데 첫 번째로 중요한 것이랍니다.

#현안 이전부터 의논하여 오면서도 아직 해결되지 않은 채 남아 있는 문제나 의문

#주장 자기의 의견이나 주의를 굳게 내세움. 또는 그런 의견이나 주의

#근거 어떤 일이나 의논, 의견에 그 근본이 되는 것. 또는 그런 까닭

PART 2
논리적 사고는 어떻게 하는 걸까?

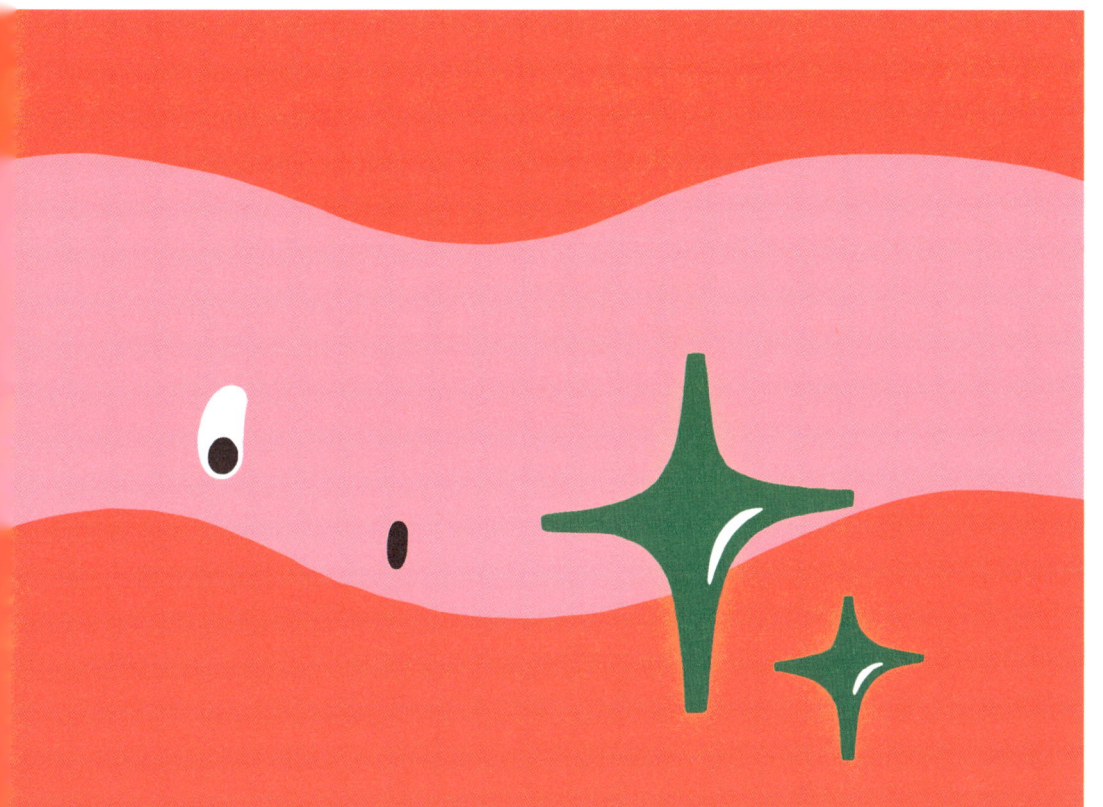

이제 본격적으로, 논리적으로 사고하는 법을 배울 차례입니다. 학교에서는 〈논리학〉이라는 과목을 통해 전문적으로 배울 것입니다. 이 책에서는 그런 〈논리학〉의 기초가 되는 '생각의 방법'을 설명할 것입니다.

우선 우리의 논리적 사고가 대략 어떤 요소들로 이루어지는지를 알아볼까요.

현안, 주장, 근거

논리적 사고는 이 세 요소로 구성됩니다.

우리의 논리적 사고는 얼핏 매우 복잡해 보일 때가 많습니다. 하지만 모든 복잡한 사고도 단순한 몇 가지의 요소로 구성된답니다. 복잡해 보이는 물질들도 단순한 입자들이 모여 만들어지는 것과 같아요.

주장
놀부의 착각

"에잉~ 다리 부러진 제비가 없군. 그러면 뭐 어때,
다리를 부러뜨려서라도 제비를 치료해 주기만 하면 되는 거 아니야?
그러면 나도 흥부처럼 부자가 될 수 있겠지."

초딩 인생 처음 논리

마을에서 제일가는 부자인 놀부는 심통이 났어요.

찢어지게 가난하던 동생 흥부가 하루아침에 자기보다 더 큰 부자가 되었거든요.

심술궂고 욕심 많은 놀부는 질투가 나서 견딜 수 없었어요.

동생 흥부를 찾아가서 어떻게 부자가 되었는지 비결을 물어봤지요.

착한 흥부는 그동안 놀부에게 구박만 받던 서러운 일도 잊은 채, 형인 놀부에게 싱글벙글 웃으며 그간의 이야기를 들려주었어요.

"아니 글쎄, 놀부 형님! 작년 봄에 커다란 구렁이가 제비를 잡아먹으려 하는 것 아니겠어요! 저희 집 처마에 집을 짓고 살던 제비를 말이에요. 그래서 제가 구렁이를 막대기로 두들겨서 쫓았죠."

놀부는 눈을 반짝이면서 듣다가 물었어요.

"구렁이를 쫓아서 부자가 된 거야? 어떻게?"

흥부는 말을 하며 잔뜩 신이 났어요. 늘 자신을 무시하던 놀부 형님이 처음으로 자신이 하는 말에 귀를 기울여주었거든요.

"아닙니다요. 구렁이가 도망간 후 보니 불쌍한 제비가 마당에 떨어져 있었어요. 게다가 다리까지 부러져서 아파하는 게 아니겠어요? 그래서 저는 조심스럽게 그 불쌍한 제비를 보듬어 방 안으로 들어갔죠. 그러고는 다리를 치료해 주었어요. 다리에 약을 바르고 붕대도 감아 주었답니다."

놀부는 심술궂은 얼굴로 열심히 흥부의 이야기에 집중했어요.

"다행히 여름이 되자 제비는 다리가 씻은 듯이 나았어요. 그러고는 가을이 되자 따뜻한 남쪽 나라로 날아가 버렸지요. 그런데 올봄에 그 제비가 다시 저희 집으로 날아온 게 아니겠어요?"

흥부는 으리으리한 자신의 마당 한가운데서 이야기를 이어나갔습니다.

"그러고는 제 앞에 박씨 하나를 떨어뜨려 놓았지요. 그 박씨를 심자 커다란 박이 지붕에 주렁주렁 열리더군요. 잘 익은 박을 타 보니 거기서 금은보화가 좌르르르~~."

'금은보화'라는 말을 듣자 놀부는 속으로 '옳거니!'라고 외쳤습니다.

흥부가 하루아침에 부자가 된 비결을 드디어 알아냈다고 생각했지요.

다시 마을 최고의 부자가 될 생각에 눈이 멀어, 이어지는 흥부의 말은 듣지도 않았어요.

"그래! 제비의 부러진 다리를 고쳐준 것이 부자가 되는 비결이야! 나도 제비의 다리를 고쳐서 부자가 되어야지."

PART 2. 논리적 사고는 어떻게 하는 걸까?

놀부는 헐레벌떡 집으로 돌아와 자신의 기와집 처마 밑을 살펴보았어요.

놀부네 집 처마 밑에도 제비들이 옹기종기 살고 있었지요.

하지만 눈을 씻고 찾아봐도 다리가 부러진 제비는 없었어요.

"에잉~ 다리 부러진 제비가 없군. 그러면 뭐 어때, 다리를 부러뜨려서라도 제비를 치료해 주기만 하면 되는 거 아니야? 그러면 나도 흥부처럼 부자가 될 수 있겠지."

놀부는 제비 한 마리를 움켜쥐고는 다리를 힘껏 부러뜨렸어요.

제비는 아파서 발버둥을 쳤어요.

하지만 놀부는 아랑곳하지 않고 얼른 제비 다리를 치료해서 부자가 될 꿈에 부풀어있었어요.

놀부도 흥부처럼 제비 다리에 약을 바르고 붕대도 감아주었지요.

가을이 되자 다리가 다 나은 제비는 따뜻한 남쪽 나라로 날아갔어요.

놀부는 얼른 봄이 오기만을 손꼽아 기다렸지요.

아니나 다를까 봄이 되니 그 제비가 놀부네 집으로 돌아왔어요.

이 제비도 박씨 하나를 놀부네 마당에 떨어뜨려 주었지요.

"오호라~! 드디어 올 것이 왔구나!!"

놀부는 박씨를 심어서 애지중지 키웠습니다.

놀부의 기와집 지붕에도 커다란 박이 주렁주렁 열렸지요.

어느 화창한 가을날, 놀부는 그중 제일 큰 박을 따서 신나게 톱질을 했답니다.
드디어 박이 쩌억 갈라졌어요.
하지만 놀부가 탄 커다란 박에서는 금은보화는커녕, 무시무시한 도깨비들이 우르르 쏟아져 나왔어요.
도깨비들은 놀부네 집에서 온갖 행패를 부렸지요.
먹을 것을 내놓으라고 협박하며 곳간을 때려 부수고, 힘센 도깨비들이 집안에서 씨름을 하며 노는 바람에 으리으리하던 놀부네 기와집은 힘없이 무너져 버리고 말았답니다.

결국 놀부는 하루아침에 집과 모든 재산을 잃고 말았죠.
금은보화는커녕 오히려 모든 것을 잃고 거지꼴이 된 놀부는 분통을 터뜨렸어요.
"흥부 이 녀석! 나를 골탕 먹이려고 나에게 거짓말을 한 거였어."

놀부는 흥부가 자신에게 거짓말을 했다고 생각했습니다. 하지만 흥부는 거짓말을 한 적이 없어요. 있었던 그대로의 사실을 놀부 형님에게 들려주었지요.

그러면 대체 무엇이 문제였던 걸까요? 흥부와 놀부가 나눈 이야기를 다시 한 번 살펴봅시다.

놀부 : 흥부 넌 어떻게 부자가 되었니?
흥부 : 구렁이 때문에 다리를 다친 제비를 치료해 줬어요. 그랬더니 제비가 고맙다고 준 박씨에서 금은보화가 잔뜩 나왔어요.

여기서 중요한 사실은 뭘까요?
"구렁이 때문에 다리를 다친 불쌍한 제비를 치료해 주었더니 제비가 보답을 했어요."
이것이 올바른 생각이겠죠. 하지만 놀부는 잘못 생각했어요.
'제비의 부러진 다리를 치료해 주기만 하면 부자가 되는구나.'

그러니까 놀부가 재산을 잃은 건 흥부의 거짓말 때문이 아니에요. 놀부가 흥부의 말을 잘못 이해한 거죠. 이렇게 상대방의 생각을 잘 이해하는 것이 중요합니다. 상대가 생각하는 것의 핵심은 '주장'에 있어요. 주장이란 '결국 말하려는 바'지요. 어떤 생각이든 그 속에는 '결국 말하려는 것', 즉 주장이 있어요. 그러니까 주장이 무엇인지 잘 파악해야 해요.

그러려면 어떻게 해야 할까요?
이해하려는 생각을 잘 들여다보기 위해서 거울에 비춰야 해요. 생각의 거울인 글로 써야 하는 거죠. 특히 흥부의 이야기처럼 내용이 자세하고 복잡할 때는 글로 써야 해요. 그렇지 않으면 상대의 주장을 잘못 기억하게 됩니다.

이것은 자신의 생각을 이해할 때에도 마찬가지입니다. 자신의 생각이지만 실제로 자신이 잘 들여다보기 어렵거든요. 머릿속에서 생각이 계속 변하고 쉽게 잊혀지기 때문이지요. 역시 자신의 생각을 글쓰기라는 거울에 비춰서 봐야 해요.

물론, 항상 자신의 생각이나 남의 주장을 글로 쓸 수는 없을 거예요. 하지만 중요한 생각이나 주장이 있다면 그것을 글로 써서 따져봐야 하지요.
영리하고 기억력이 좋은 학자들도 항상 글로 써서 생각한답니다. 놀부 역시 흥부의 주장을 글로 잘 적었다면 실수가 적었을 거예요.

생각을 글로 잘 쓴 후에 어떻게 해야 할까요? 그 글을 읽어보면서 스스로 물어보는 연습을 해야 해요. 천천히 생각하면서 말이죠.
"진짜 생각하는 게 뭐야?" 혹은 "결국 말하려는 게 뭐지?"라고 물어보면서 생각해야 합니다. 놀부처럼 제멋대로 이해하면 안 된답니다.

PART 2. 논리적 사고는 어떻게 하는 걸까?

'주장'은 자기 의견이나 생각을 내세우는 것을 말합니다. 즉 '자기 생각의 중심'을 말합니다. 우리 생각을 글이라는 '거울'에 비춰보면서 생각해 봅시다.

쉬운 예를 들어볼게요. 친구와 함께 '어떤 놀이를 할지'에 대해 이야기를 나눈다고 생각해 봐요. 이 주제를 정리하면 다음과 같은 표로 만들 수 있어요.

현안	우리 오늘 어떤 놀이를 하는 것이 좋을까?
주장	**숨바꼭질을 하는 것이 좋겠어.**
근거	왜냐하면? 지금 축구, 술래잡기, 숨바꼭질 중에서 고를 수 있어. 우리에게는 축구공이 없어서 축구는 할 수 없어. 술래잡기는 어제도 했었어. 그러니까 오늘은 숨바꼭질이 가장 좋은 놀이일 거야.

그림에서 보듯이 주장은 '현안'과 '근거' 사이에 있어요.
중심에 있는 거죠.
이제 왜 주장이 생각의 중심이라 표현했는지 조금 감이 오나요?

'현안'과 '근거'에 대해서는 잠시 후에 설명할게요.
한꺼번에 설명하면 어렵게 느껴질 수 있으니 하나씩 설명하겠습니다.

내 생각 즉, '결국 말하려고 하는 것'이 주장이에요. 그런데 생각보다 이것을 잘 말하는 것은 어렵답니다. 논리적 사고에서 주장을 '**#결론**'이라고 부르기도 해요. 이것저것 생각해보고 내리는 결정이죠.

학교에 다녀와서 엄마가 사 온 간식을 보고 속상해 하는 영희를 생각해 봐요. 영희는 왜 속상해할까요? 엄마가 물었어요.

"영희야, 왜 기분이 안 좋아? 네가 먹고 싶다고 하던 크림빵이잖아?"
"내가 원했던 건 이런 게 아니란 말이에요."
"그럼 네가 원하는 게 뭐니? 엄마한테 말해 봐."

영희는 엄마에게 뭔가 말하려 하지만 그 말을 못 해요. 이런 경험이 있지 않나요?

영희는 크림빵의 크기가 작아서 마음에 안 들 수도 있어요. 아니면, 같은 크림빵이라도 치즈 크림빵을 원했던 것일 수도 있죠. 혹은, 맛이 다른 빵집의 크림빵을 원했던 것은 아닐까요. 단순한 일에서도 생각보다 자신의 주장을 말하는 것은 쉽지 않답니다.

이것은 어린이들만의 문제가 아닙니다. 대학생이 되거나 어른이 되어도 주장을 말하는 것은 여전히 어려울 때가 많아요. 물론 그 때는 말하려는 생각의 내용까지 **#난해**할 때가 많죠. 그래서 어른들도 논리적 사고에서 어려움을 겪을 때가 많답니다.

#결론 최종적으로 판단을 내림. 또는 그 판단

#난해 이해하거나 해석하기 어려움

현안
아기 공룡 디아노의 고민

"그래, 디아노 네 생각은 어때?
사과를 하는 것이 좋겠어, 그냥 지나치는 것이 좋겠어?"

초딩 인생 처음 논리

"우리 예쁜 디아노~ 오늘도 친구랑 잘 놀았어?"

엄마 공룡이 디아노에게 물었어요.

하지만 아기 공룡 디아노는 깊은 고민에 빠져 머릿속이 복잡했죠.

디아노는 인상을 찌푸리고 두 앞발로 머리를 긁적였어요.

"디아노, 무슨 생각을 골똘히 하고 있니?"

엄마 공룡이 맛있는 쿠키를 디아노 앞에 놓으며 물었어요.

하지만 디아노의 눈에는 맛있는 쿠키가 들어오지도 않았어요.

"한 시간이 넘도록 고민을 하고 있는데, 도대체 어떻게 해야 할지 모르겠어요."

"그래? 엄마에게 말해 보렴. 같이 생각해 보자."

그러자 디아노가 고민거리를 말했습니다.

"오늘 친구 트리테라와 놀았는데, 트리테라가 저 때문에 넘어졌어요. 그래서 무릎에 큰 상처가 났어요."

"저런~ 큰일 날 뻔했구나. 그래, 트리테라 무릎에서 피는 안 났니?"

엄마 공룡이 걱정스러운 표정으로 물었습니다.

그러자 디아노는 갑자기 씩씩거리며 말했어요.

"네. 피는 나지 않았는데, 그게 모두 사나운 티라노 때문이었어요. 티라노가 갑자기

초딩 인생 처음 논리

숲속으로 걸어오는 것을 보고 트리테라와 제가 같이 재빨리 도망치려고 했거든요."

디아노는 아직도 티라노에게 화가 나 있었어요.

엄마 공룡이 물었어요.

"그렇구나. 그러면 티라노에게 화풀이할 방법을 생각하는 거니?"

"그렇기도 하지만, 다른 문제도 있어요. 트리테라가 너무 가까이 다가오는 바람에 저와 다리가 엉켜서 결국 트리테라가 넘어져 버렸죠."

디아노는 다시 안타까운 표정을 지었습니다.

"그럼 트리테라가 왜 넘어졌는지를 생각하는 거니?"

"그것도 문제지만, 아무리 생각해도 제가 밀쳐서 트리테라가 넘어진 게 맞아요. 그런데 저는 다친 트리테라에게 아무런 말도 하지 않고 돌아왔어요."

엄마 공룡은 디아노의 말을 들으며 차분하게 되물었습니다.

"그것도 고민거리겠구나. 혹시 트리테라에게 사과를 해야 할지 고민하는 거니?"

"맞아요, 그게 바로 제 고민이에요. 사과를 해야 할지 말아야 할지…."

디아노가 손뼉을 치며 대답했어요.

엄마가 디아노의 머리를 쓰다듬으며 물었어요.

"그래, 디아노 네 생각은 어때? 사과를 하는 것이 좋겠어, 그냥 지나치는 것이 좋겠

PART 2. 논리적 사고는 어떻게 하는 걸까?

어?"

디아노가 잠시 생각한 후에 대답했습니다.

"나와 부딪혀서 트리테라가 넘어져 다쳤으니, 사과를 하는 것이 좋겠어요."

그 말을 들은 엄마 공룡은 미소를 지었어요.

아기 공룡 디아노처럼 우리는 많은 생각을 합니다.
어떨 때는 아무리 생각해도 답이 나오지 않고, 오히려 많은 생각들이 이것저것 뒤섞여서 점점 머릿속이 복잡해지곤 하죠. 디아노도 마찬가지였어요.
하지만 엄마 공룡이 도와준 덕분에 해결 방법은 다음과 같이 간단해졌어요.

   질문 : 친구 트리테라에게 사과를 해야 할까?
   답 : 사과를 하는 것이 좋겠어.

이렇게 간단합니다.
그런데 왜 디아노는 머리가 복잡했을까요?
수많은 생각 속에서 가장 중요한 질문을 쉽게 찾을 수 없었기 때문입니다.
자기 생각 속에 있는 그 질문을 '현안'이라고 부른답니다.

디아노는 다음과 같은 여러 생각들로 골치가 아팠어요.

   ★ 티라노가 나타났기 때문에 우리가 달아나야 했다.
   ★ 친구 트리테라가 너무 가까이 있었기 때문에 부딪혔다.
   ★ 트리테라가 다친 것은 나만의 실수는 아니다.

하지만 이런 생각들은 디아노의 현안과 별로 상관이 없었죠.
디아노 자신이 진짜 고민하던 문제, 즉 현안을 찾고 나니 답을 찾는 것은 어렵지 않

PART 2. 논리적 사고는 어떻게 하는 걸까?

앉어요.

우리에게 중요한 생각은 항상 질문과 답으로 이루어져 있습니다.
우리 생각에서 질문은 현안이고, 답은 주장입니다.
주장은 앞에서 흥부와 놀부 이야기를 통해서 배웠죠.
논리적인 생각을 하기 위해서는 현안과 주장을 잘 짝짓는 것이 필요하답니다.
그럼 놀부의 생각도 현안과 주장으로 표시할 수 있을까요?
그렇답니다. 다음과 같이 말이죠.

      현안 : 흥부는 어떻게 부자가 되었을까?
      주장 : 제비의 다리를 치료해 주어서 부자가 되었다.

놀부의 현안과 주장은 그럴 듯하게 보이지요.
하지만 놀부의 주장은 틀렸어요. 다리를 다친 제비를 치료한 게 중요한 것이 아니라 불쌍한 제비를 구해준 흥부의 마음씨 덕분에 흥부가 부자가 된 거니까요.

이런 문제를 찾아내려면 '근거'를 따져봐야 합니다.
근거에 대해서는 뒤 페이지에서 배우게 될 거예요.
어쨌든 좋은 주장을 하려면 그 주장의 출발점인 '현안'을 제대로 찾는 것이 매우 중요하다는 것을 기억해야 해요.

표를 보세요. 현안은 자기 생각의 출발점입니다.
우리는 중요한 문제를 만났을 때 논리적 사고력을 발휘해야 하죠. 그런데 그런 문제는 하나의 물음에서 출발합니다.

현안	우리 오늘 어떤 놀이를 하는 것이 좋을까?
주장	숨바꼭질을 하는 것이 좋겠어.
근거	왜냐하면? 지금 축구, 술래잡기, 숨바꼭질 중에서 고를 수 있어. 우리에게는 축구공이 없어서 축구는 할 수 없어. 술래잡기는 어제도 했었어. 그러니까 오늘은 숨바꼭질이 가장 좋은 놀이일 거야.

이 간단한 생각에서 '현안'이 생각의 출발점이라는 것을 볼 수 있어요.
생각의 중심이라고 말했던 '주장'은 현안에 대한 답이지요.
스스로 어떤 물음을 던졌다면 답을 찾아야지요. 그래서 다음을 잘 이해하는 것은 중요합니다.

현안 : 질문
주장 : 대답

PART 2. 논리적 사고는 어떻게 하는 걸까?

논리적 사고력은 질문과 대답의 관계랍니다.

여기서 중요한 것 하나!
현안에서 질문은 누가 던질까요?
공부를 할 때나 시험을 볼 때는 선생님이 낸 문제나 책에 있는 질문을 찾아야 하지요. 하지만 자신이 무언가를 스스로 생각할 때는 자신이 그 질문을 찾아야 해요. 아기 공룡 디아노의 경우처럼 말이죠. 그리고 어떤 질문을 던지느냐 하는 것이 매우 중요합니다. 왜냐하면 질문이 그 뒤에 따라오는 생각을 한 쪽으로 이끌기 때문입니다. 누군가 여러분에게 다음과 같이 묻는다면 어떻게 말할까요?

"너는 이제 거짓말을 그만 두지 않을래?"

질문에 대해 답하려면 '예' 또는 '아니오'라고 대답해야 합니다.
하지만 여러분이 거짓말을 한 적이 없다면 어떨까요?
'예'라고 말하든 '아니오'라고 말하든, 어느 것이나 틀린 답변이지요.
이럴 때는 다음과 같이 말해야 합니다.

"질문이 잘못 되었어요. 저는 거짓말을 한 적이 없어요. 그러니 '내가 한 말이 참말인가'라고 물어야 합니다."

현안인 그 질문을 고쳐야 하는 거죠. 현안이 잘못되면 나쁜 질문에 갇혀서 잘못된 생각을 할 수 있는 거예요.

근거
유리 구두의 주인

"왕국의 모든 숙녀들은 유리 구두를 신어 보라는 것이 왕자님의 명입니다. 예외는 없어요."

왕자님은 창가에서 물끄러미 밖을 내다보고 있었어요.

손에는 유리 구두 한 짝이 들려 있었죠.

잠시 유리 구두를 바라보며 왕자님은 어젯밤 무도회를 떠올렸어요.

왕자님이 살면서 본 가장 아름다운 숙녀를 무도회에서 만났거든요.

둘은 함께 손을 마주 잡고 즐겁게 춤을 추기도 했죠. 하지만 그 숙녀는 열두 시가 되자 깜짝 놀라며 왕자님의 손을 놓고는 사라졌어요.

이름도 알려주지 않은 채로 황급히 뛰어가느라 유리 구두 한 짝이 벗겨져 계단에 떨어지는 것조차 몰랐나 봐요.

왕자님은 그 구두 한 짝을 소중히 챙겨두었어요.

"그 숙녀를 꼭 찾고 말겠어. 다시 만나게 되면 청혼해야지."

숙녀의 아름다운 모습에 한눈에 반한 왕자님은 사랑에 빠져버렸거든요.

"그런데, 이름도 모르는 그 숙녀를 어떻게 찾지?"

다행히도 왕자님은 자신의 손안에서 답을 발견했어요.

"그래, 이 유리 구두를 신겨보면 누가 그 숙녀인지 알 수 있겠어."

곧 왕자님은 전국 방방곡곡에 신하들을 보냈어요. 신하들은 왕국의 모든 여자들에게 유리 구두를 신겨 보았지요. 왕자님이 애타게 기다리는 그 숙녀를 찾으려고 말이에요.

그들은 마침내 신데렐라의 집에도 찾아왔답니다.

현관문이 열리고 신하들이 신데렐라의 집에 들어서자, 신데렐라의 새엄마와 못된 새언니들은 환호성을 지르며 반겼습니다.

"아유~ 어서 오세요. 우리 딸들이 기다리고 있었답니다."

"내가 바로 왕자님이 찾는 숙녀에요."

"아니야, 나야, 나~."

하지만 신데렐라는 구두를 신어볼 수 없었어요.

신하들의 눈에 띄지 않도록, 새엄마가 2층에서 청소를 하라고 했거든요.

못된 새언니들은 꾸역꾸역 유리 구두에 발을 집어넣었어요.

하지만 게으르고 욕심 많은 새언니들은 맨날 먹고 노느라 살이 쪄서 발도 너무 컸어요.

그러니 그 뚱뚱한 발이 작고 반짝이는 유리 구두에 들어갈 리 없었지요.

"얘, 잘 좀 신어 봐~!"

"아이고, 발가락을 아무리 구부려도 도저히 발이 안 들어가잖아!"

때마침 신데렐라가 2층에서 내려왔습니다.

"어머니, 2층 청소를 다 했어요."

그 모습이 신하의 눈에도 띄었어요.

PART 2. 논리적 사고는 어떻게 하는 걸까?

초딩 인생 처음 논리

"아, 여기에 또 한 분의 숙녀가 계셨군요. 이 분도 유리 구두를 신어보셔야 해요."
새엄마와 새언니들이 펄쩍 뛰면서 말렸습니다.
"신데렐라는 유리 구두를 신어볼 필요가 없어요."
"맞아요. 신데렐라는 그날 밤에 무도회엘 가지도 않았는걸요."
"왕자님께서 저런 못난이를 찾고 있을 리가 없어요."
하지만 왕자님의 신하들은 단호했습니다.
"왕국의 모든 숙녀들은 유리 구두를 신어 보라는 것이 왕자님의 명입니다. 예외는 없어요."
새엄마와 언니들은 그 엄격한 눈빛에 겁을 먹고 한 발짝 물러섰습니다.
결코 신데렐라가 유리 구두의 주인일 리는 없다고 믿고서 말이에요.

하지만 신데렐라가 유리 구두에 발을 넣자 발이 쏘옥 들어갔어요.
"아니, 그럴 리가 없는데! 이건 뭔가 잘못됐어요!"
"신데렐라는 그날 무도회에 갈 수도 없었다고요!"
새엄마와 못된 새언니들이 목소리를 높였어요.
"왕자님은 이 구두의 주인을 찾고 계십니다. 유리 구두에 발이 꼭 맞는 사람을요."
"우리는 이 분을 왕궁으로 모셔 가야겠습니다."
결국 신데렐라는 왕궁으로 가서 왕자님을 만날 수 있었답니다.

PART 2. 논리적 사고는 어떻게 하는 걸까?

왕자님은 무도회에서 만났던 숙녀를 꼭 찾고 싶었습니다. 그런데 도대체 누가 그 숙녀일까요?

이것이 현안입니다.

이에 대해서 많은 사람들이 주장합니다. 모두들 자기가 왕자님이 찾는 그 숙녀라고 말이죠. 하지만 그들의 주장이 모두 옳다는 건 불가능해요. 서로 다른 주장들이 매우 많은 거죠.

어떤 주장이 옳은지 알려면 어떻게 해야 할까요? 근거를 따져봐야만 해요.

이야기에서 유리 구두의 주인은 신데렐라였고, 그러니 다른 사람들의 주장은 틀렸어요. 왜일까요?

신데렐라만이 유리 구두에 꼭 맞는 발을 가지고 있었기 때문입니다.

사람의 논리적인 사고는 바로 이와 같은 구조로 되어 있습니다.

- 현안 : 왕자님이 찾는 숙녀는 누구인가?
- 주장 : 신데렐라가 그 숙녀다.
- 근거 : 왜냐하면 신데렐라가 유리 구두에 꼭 맞는 발을 가졌기 때문이다.

왕자님은 처음부터 알고 있었습니다. 아무런 근거 없이 무도회에서 만났던 사람을 찾으면 안 된다는 것을요. 많은 사람들이 왕자님과 결혼하고 싶어서 거짓말을 할 것이 틀림없으니까요. 그들은 모두 아름답게 꾸민 뒤, 왕자님이 반한 숙녀는 자기라고 주장할 거예요. 그러면 누구 주장이 옳은지 알 수 없게 되겠죠.

이럴 때는 무엇이 근거가 될 수 있는지 생각해야 해요.
무도회에서 그 숙녀가 남기고 간 유리 구두가 바로 '근거'였죠.

무도회에서 만난 숙녀를 다시 찾는 것은 왕자님에게 중요한 일이었습니다. 왕자님은 분명한 근거를 찾아냈기 때문에 신데렐라를 다시 만날 수 있었어요. 우리도 왕자님처럼 생각해야 해요.
중요한 문제를 생각할 때는 그 근거를 바탕으로 결정해야 한답니다.

이처럼 주장을 옳게 만드는 것이 근거입니다.
우리 생각은 주장을 중심으로 구성됩니다.
그러므로 주장을 뒷받침할 수 있는 명확하고 좋은 근거가 있어야 설득력이 있어요.
논리적 사고를 위해서는 주장과 근거의 관계를 따져봐야만 해요. 그래서 좋은 근거로 주장을 뒷받침할 수 있어야 한답니다.

근거는 자기 생각의 '팔'과 '다리'입니다.
그 생각이 옳도록 만드는 논리적인 활동을 하지요.
간단한 논리적 사고표를 한번 볼까요.

현안	우리 오늘 어떤 놀이를 하는 것이 좋을까?
주장	숨바꼭질을 하는 것이 좋겠어.
근거	왜냐하면? 지금 축구, 술래잡기, 숨바꼭질 중에서 고를 수 있어. 우리에게는 축구공이 없어서 축구는 할 수 없어. 술래잡기는 어제도 했었어. 그러니까 오늘은 숨바꼭질이 가장 좋은 놀이일 거야.

근거에도 질문과 대답이 있습니다.
주장을 이해하고 나서 '왜?'라고 묻는 것이죠.
그 답을 찾아 생각하는 것이 논리적 사고입니다.
이와 같이, 논리적 사고는 '좋은 질문과 좋은 대답'으로 이루어지는 생각입니다.

근거는 여러 내용으로 구성됩니다. 이 생각에서도 볼 수 있어요.
현안도 한 문장, 주장도 한 문장인데, 근거는 여러 문장이지요.
이렇게 여러 가지를 따지는 것이 근거라고 생각해도 좋습니다.

이것이 논리적 사고를 매우 쉽게 이해하는 방법 중 하나지요.

또 한 가지 기억할 것이 있어요. 생각을 해나가는 순서와 생각을 말하는 순서가 다를 수 있다는 것입니다. 일반적으로 생각해 나가는 순서는 다음과 같아요.

현안	우리 오늘 어떤 놀이를 하는 것이 좋을까?
근거	지금 축구, 술래잡기, 숨바꼭질 중에서 고를 수 있어. 우리에게는 축구공이 없어서 축구는 할 수 없어. 술래잡기는 어제도 했었어. 그러니까 오늘은 숨바꼭질이 가장 좋은 놀이일 거야.
주장	**그러므로** 숨바꼭질을 하는 것이 좋겠어.

우리는 논리적 생각을 할 때 보통, 근거를 먼저 생각하고 주장을 찾아냅니다. 결론이지요. 하지만 자기 생각을 정리할 때는 주장을 먼저 쓰고 근거를 뒤에 쓰는 것이 더 좋아요. 이렇게요.
"우리는 지금 숨바꼭질을 하는 것이 좋겠어. 왜냐하면~."

연역
솔로몬 왕의 지혜

"거 참, 곤란하구나. 두 여인의 말이 서로 다른데
누가 옳은지 말해줄 증인이 없다니!"

옛날 어느 나라에 솔로몬이라는 현명한 왕이 있었습니다.

백성들 사이에 그 어떤 골치 아픈 일이 벌어져도 솔로몬 왕은 올바른 판결을 내렸지요.

그래서 백성들의 존경을 한 몸에 받았답니다.

그러던 어느 날이었어요.

두 여인이 한 아기를 품에 안고 솔로몬 왕을 찾아왔어요.

"왕이시여, 저희들의 문제에 대해서 판결을 해 주십시오. 너무나 억울합니다."

한 여인이 말하자 다른 여인도 소리쳤어요.

"왕이시여, 제발 제 말을 듣고 현명한 판결을 내려주십시오. 억울한 사람은 저예요!"

고요하고 평화롭던 궁전은 금세 두 여인의 목소리로 시끌벅적해졌어요.

"무슨 일인지 자세히 설명을 해보아라."

솔로몬 왕이 두 여인을 진정시키며 말했습니다.

아기를 안고 있는 여인이 먼저 말했습니다.

"이 아기는 이틀 전에 제가 낳은 아기입니다. 그런데 오늘 저 여인이 갑자기 나타나서는 제가 자신의 아기를 훔쳤다는 겁니다. 이 아기는 목숨보다 소중한 제 아기입니다. 아기를 지킬 수 있도록 왕께서 보호해 주세요."

그러자 아기 없이 혼자 서 있던 여인이 입을 열었습니다.

"이 여인은 거짓말을 하고 있습니다. 어제 이 아기를 낳은 건 바로 저예요. 그런데 아침에 보니 제 아기가 온데간데없어졌더군요. 누군가 아기를 훔쳐갔던 겁니다. 그래서 아기를 찾아 온 동네를 헤매다가 마침내 이 여인의 집에서 제 아기를 찾았습니다. 제 아기를 훔쳐 간 범인이 바로 이 여자였고요. 제발 제 아기를 돌려주세요."
그 말을 들은 솔로몬 왕이 물었습니다.
"너희 둘의 말이 서로 다르구나. 증인의 말을 들어봐야겠다. 마을의 이웃들 중 이 일을 본 자가 있다면 누구 말이 사실인지 확인할 수 있겠지."

솔로몬 왕은 마을로 신하를 보내서 두 여인의 이웃들에게 누가 아기를 낳았는지, 아기를 훔쳐 가는 것을 본 적이 있는지 물어보았습니다. 하지만 두 여인은 모두 이웃들과 친하지 않았습니다. 그래서 이웃 사람들 중 누구도 아기에 대해 알지 못했습니다.
"거 참. 곤란하구나. 두 여인의 말이 서로 다른데 누가 옳은지 말해줄 증인이 없다니!"
그러자 두 여인은 다시 솔로몬 왕에게 소리 높여 호소했습니다.
"이 아기는 제가 낳은 아기입니다. 제발 엄마인 제가 키울 수 있게 해 주십시오."
"아닙니다. 이 아기는 제 아기입니다. 진짜 엄마는 저예요."
고민하던 솔로몬 왕에게 좋은 생각이 떠올랐습니다.

PART 2. 논리적 사고는 어떻게 하는 걸까?

잠시 후, 드디어 위엄이 넘치는 목소리로 왕이 판결을 내렸습니다.

"하는 수 없구나. 두 여인이 모두 서로 아기의 엄마라고 주장하니, 아기를 반으로 잘라서 똑같이 나누어주겠다. 여봐라! 큰 칼을 가지고 와서 이 아기를 정확히 반으로 자르도록 하여라!"

곧 신하가 큰 칼을 가지고 왔습니다. 번득이는 칼날은 덩치 큰 동물도 단번에 잘라낼 수 있을 것처럼 날카로웠습니다. 그러자 처음에 아기를 안고 있던 여인이 말했습니다.

"솔로몬 왕의 공평한 판결을 저는 감사히 받아들이겠습니다. 아기를 저 여인에게 뺏기느니 반이라도 가지면 좋으니까요."

하지만 아기 없이 혼자 서 있던 여인은 눈물을 쏟으며 말했습니다.

"안됩니다. 아기를 반으로 자르면 아기는 죽습니다. 차라리 아기를 저 여인에게 주십시오. 아기를 잃는다 해도 상관없습니다. 어미가 어찌 아기가 죽도록 놔두겠습니까!"

그러자 솔로몬 왕이 말했습니다.

"이제야 진실이 드러났구나. 진짜 아기 엄마라면 어떤 일이 있더라도 아기를 죽게 두지 않을 것이다. 그러니 아기를 죽이는 선택을 한 저 여인이 가짜 아기 엄마다. 아기를 진짜 엄마에게 주고 저 여인은 즉시 감옥에 가두어라."

솔로몬 왕은 현명한 판단력으로 아기의 진짜 엄마를 찾아냈습니다.
왕이 생각한 순서를 글로 옮겨 보면 다음과 같습니다.

현안 : 두 여인 중 누가 가짜 엄마인가?
주장 : 아기를 죽이는 선택을 한 여인이 가짜 엄마이다.
근거 : 진짜 엄마라면 어떤 일이 있더라도 아기를 살리려 할 것이다.
그런데 저 여인은 아기를 살리려 하지 않았다.

중요한 생각은 현안, 주장, 근거의 구조를 가지고 있답니다.
그리고 논리적 사고를 하려면 주장과 근거의 관계를 잘 아는 것이 중요해요.

근거와 주장의 순서를 좀 바꿔서 관계를 다시 살펴볼까요?
그러면 논리적 흐름을 이해하기 좀 더 쉽거든요.

근거1 : 진짜 엄마라면 어떤 일이 있더라도 아기를 살리려 할 것이다.
근거2 : 저 여인은 아기를 살리려 하지 않았다.

주장 : 그러니까 저 여인이 가짜 엄마다.

이 순서대로 근거와 주장의 내용을 살펴보면 알 수 있습니다. **#추리**가 옳았다는 것을요.

그런데 한편으로는 전체적으로 같은 말을 반복하는 느낌도 듭니다. 그 이유는, 근거에 이미 있는 내용을 주장으로 꺼냈기 때문입니다. 이러한 추리를 '연역'이라고 한답니다.

'#연역'은 좀 낯선 말입니다.
하지만 논리학에서는 매우 중요한 용어입니다.
근거에 이미 있는 내용을 주장으로 끄집어내는 방법을 말하죠.

연역 추리는 근거가 옳다면 주장도 반드시 옳게 되는 강력한 힘을 가지고 있습니다. 얼핏 봐서는 대단한 생각이 아닌 것처럼 보일 수 있어요. 근거에 있는 내용을 말한 거니까요.
하지만 솔로몬 왕의 이야기에서 보았죠? 연역 추리를 잘 활용한다면 매우 훌륭한 판단을 할 수 있답니다. 논리학의 많은 부분이 연역 논리에 바탕을 두고 있습니다.

#추리 알고 있는 것을 바탕으로 알지 못하는 것을 미루어서 생각함

#연역 일반적인 사실이나 원리를 전제로 하여 개별적인 사실이나 보다 특수한 다른 원리를 이끌어 내는 추리

논리적으로 생각해 볼까?

연역을 처음 배우면 답답할 때가 많습니다. 왜냐하면 논리적 **#추론** 속에는 새로운 내용이 없기 때문입니다. 항상 같은 말만 반복하는 느낌이 강하게 듭니다. 이런 식이면, 논리적 사고로 해결할 수 있는 것이 없을 것이라는 두려움이 들 때도 있어요. 하지만 논리적 사고에서 연역은 매우 중요합니다.

첫째, 학자들이 연역적인 사고를 통해서 많은 성과를 얻어냈습니다.
대표적인 것이 수학입니다. 현대 과학은 수학을 기반으로 하고 있어요.
그리고 수학에서 논리적 사고는 항상 필요하답니다.
현대 논리학은 수학과 깊이 연관되어 있지요.

둘째, 연역적인 사고는 엄밀한 생각입니다.
이것은 중요한 문제를 다룰 때 꼭 필요합니다. 법정에서 어떤 사람이 범죄자인지를 결정하는 일이 그런 중요한 일이지요. 그래서 판사와 검사, 변호사들은 매우 엄격한 연역적 사고를 많이 활용합니다.

1. 법에 따르면 물건을 훔친 사람은 누구나 처벌받아야 합니다.
2. 이 사람은 물건을 훔쳤어요.
3. 그러니까, 이 사람은 처벌받아야 합니다.

이것이 법정에서 사용하는 논리입니다.
'**#삼단 논법**'이라고 불리는 연역 논리이지요.

같은 말을 반복하는 느낌이 들 거예요. 하지만 연역을 잘 배워서 활용한다면 강력한 논리적 힘을 얻을 수 있답니다. 연역과 함께 공부해야 할 논리적 추론에는 다음 장에서 볼 귀납 추론이 있답니다.

#추론 어떠한 판단을 근거로 삼아 다른 판단을 이끌어 냄

#삼단 논법 전제와 소전제로 이루어진 두 전제와 하나의 결론으로 이루어진 연역적 추리법

귀납
포피의 기다림

"고깃덩어리는 또 떨어질 거야.
그때 다른 놈이 고깃덩어리를 차지할지도 모르니
내가 항상 기다리고 있어야지."

PART 2. 논리적 사고는 어떻게 하는 걸까?

연진이네 삽살개 포피가 골목길 입구에 앉아있었습니다.

"안녕, 포피야. 여기서 뭐해?"

친구 도기가 지나가면서 물었습니다.

도기는 이웃집 철호네 반려견이에요.

"안녕, 도기야. 난 고깃덩어리를 기다리고 있어."

그러자 도기가 놀라서 물었습니다.

"뭐? 오늘도?"

"그래. 여기서 기다렸다가 꼭 다시 한 번 고깃덩어리를 먹을 거야."

포피의 말을 들은 도기는 씁쓸한 웃음을 지었어요.

대화를 마친 도기는 철호와 함께 지나갔지요.

혼자 남은 포피는 큰 고깃덩어리를 다시 한 번 떠올렸습니다.

한 달 전이었습니다.

이곳을 지나가던 포피는 점심을 먹었지만, 아직 살짝 출출했어요.

그때 포피의 코에 맛있는 냄새가 느껴졌습니다.

식재료를 옮기는 트럭이 지나가고 있었던 것입니다.

포피가 그 트럭을 바라보던 순간, 우연히 트럭에서 기름진 고깃덩어리가 바닥으로 떨

PART 2. 논리적 사고는 어떻게 하는 걸까?

어졌어요.

트럭은 그 고깃덩어리를 남겨둔 채 멀리 사라지고 말았습니다.

마침 배가 고프던 포피는 주인 없이 남겨진 고깃덩어리를 맛있게 먹었답니다.

그러고는 매일 같은 시간에 그 음식 트럭을 기다렸어요.

다음 날에는 음식 트럭이 지나가지 않았습니다.

하지만 그다음 날에는 음식 트럭이 지나갔지요.

아주 맛있는 냄새를 풍기면서 말이죠.

그러나 이번에는 비싼 고깃덩어리를 흘리지 않도록 짐을 단단히 묶어두었어요.

하지만 다음 날도 포피는 고깃덩어리가 떨어지기를 기다렸습니다.

"고깃덩어리는 또 떨어질 거야. 그때 다른 놈이 고깃덩어리를 차지할지도 모르니 내가 항상 기다리고 있어야지."

포피는 혼잣말로 자신을 타이르며 매일 기다렸어요.

그렇게 일주일이 지나고 다시 한 달이 지났어요.

포피가 고깃덩어리를 주워 먹었던 가을도 지나갔지요.

날씨는 점점 추워지고 있었어요.

하지만 포피는 여전히 고깃덩어리를 포기할 수 없었습니다.

"포피야, 오늘은 네가 좋아하는 간식도 사 왔어."

포피의 주인 연진이는 맛있는 사료를 사다 주었지요.

하지만 포피에게는 고깃덩어리를 기다리는 일이 더 중요했어요.

그래서 사료도 마다하고 음식 트럭만을 기다렸지요.

시간은 금세 흘러 어느덧 겨울이 되었습니다.

음식 트럭은 일주일에 세 번씩 지나갔지만, 다시는 고깃덩어리를 흘리지 않았어요.

그러는 동안 포피는 아무것도 먹지 않아 비쩍 말라갔습니다.

날은 점점 추워지는데 말이죠.

포피는 언제쯤 다시 음식 트럭에서 떨어지는 고깃덩어리를 먹을 수 있을까요?

PART 2. 논리적 사고는 어떻게 하는 걸까?

포피가 다시 고깃덩어리를 먹을 수 있었을까요?
아마도 먹지 못했을 겁니다. 포피는 뭔가 잘못 생각한 것이지요.

포피는 친구 도기에게 말했습니다. 음식 트럭이 고깃덩어리를 흘릴 것이며, 자신은 그것을 기다린다고 말이죠. 포피가 어떻게 생각했는지를 살펴봅시다.

현안 : 음식 트럭이 고깃덩어리를 또 흘릴까?
주장 : 그럴 것이다.
근거 : 왜냐하면 지난번에 음식 트럭이 고깃덩어리를 흘렸기 때문이다.

하지만 포피의 생각을 다시 한번 살펴볼까요?

주장 : 음식 트럭은 고깃덩어리를 흘릴 것이다.

근거 : 비록, 다음과 같은 일이 있었지만.
오늘은 음식 트럭이 고깃덩어리를 흘리지 않았다.
어제도 음식 트럭은 고깃덩어리를 흘리지 않았다.
지난주에도 음식 트럭은 고깃덩어리를 흘리지 않았다.
지난달에도 음식 트럭은 고깃덩어리를 흘리지 않았다.
그 전에도 음식 트럭은 고깃덩어리를 흘리지 않았다.
……

음식 트럭은 매번 고깃덩어리를 흘리지 않고 지나갔습니다.
딱 한 번 흘렸을 뿐이에요.
그 후로는 한 번도 흘리지 않았습니다. 하지만 포피는 이 사실을 무시하고 있어요. 잘못 생각하고 있는 거지요.
포피는 고깃덩어리가 다시 떨어지지 않을 거라고 추리해야 합니다. 왜냐하면 지난 달, 지난주, 어제, 오늘도 계속해서 흘리지 않았기 때문이에요. 이런 추리를 ' 추리'라고 한답니다. 귀납 추리는 연역 추리와 함께 근거에서 좋은 주장을 이끌어내는 논리적 사고법입니다.
세상 대부분의 엄마들이 아이를 사랑하는 모습을 본다면, 우리 엄마도 나를 사랑한다고 생각하게 되지요.
열심히 일한 사람들이 대부분 부자가 되는 것을 본다면, 나도 열심히 일하면 부자가 될 수 있다고 생각하게 됩니다.
이처럼, 앞의 근거들을 바탕으로 결론을 끌어내는 것이 바로 귀납 추리입니다.

> **#귀납** 개별적인 특수한 사실이나 원리로부터 일반적이고 보편적인 명제 및 법칙을 유도해 내는 일

귀납은 연역과 더불어 논리적 근거를 찾는 매우 중요한 방법입니다. 여러 경우를 봤는데, 계속 그렇더라 – 그러면 '이건 항상 그렇구나'라고 생각하는 것이 귀납입니다. 이것은 연역과 달리 조금 더 발전적인 생각법이에요. 하지만 위험성도 있어요. 어떤 위험성이 있을까요?

"정말 항상 그럴까?"

이것이 귀납이 가진 위험성입니다. 그래서 귀납을 합리적으로 이해해야 합니다. 첫째, 귀납의 합리성이 그 위험성보다 중요하다는 것을 알아야 합니다.

귀납은 올바르고 논리적인 사고법입니다.
많은 사람들이 운동을 열심히 해야 강한 근육이 생긴답니다. 하지만 간혹, 운동을 적게 하는데도 강한 근육을 가진 은철이 같은 친구도 있어요. 은철이를 보고 이렇게 생각하면 안 됩니다

"나도 운동하지 않아도 강한 근육을 키울 수 있어."

이것은 은철이의 경우를 가지고 변명을 하는 것에 불과하답니다.

귀납의 힘은 과학에서도 발견할 수 있습니다.

과학자들이 귀납을 통해서 세상을 탐구합니다.
귀납에 바탕을 둔 과학의 힘으로 예전에는 없던 많은 발명을 해낼 수 있었지요.

진화론으로 생물학을 한 차원 발전시킨 다윈의 추리가 귀납법을 이용한 대표적 사례입니다.
찰스 다윈은 영국의 생물학자였어요. 그는 해군 측량선인 '비글호'를 타고 갈라파고스 군도와 여러 지역을 항해하면서 많은 동식물을 조사했지요.
다윈은 여러 섬에 사는 많은 핀치새의 부리를 관찰하고 그 길이를 측정했어요. 그리고는 핀치새마다 부리의 모양과 크기가 다르다는 것을 발견했지요. 어떤 핀치새는 부리가 뾰족하고 작은데 어떤 핀치새는 부리가 크고 뭉툭했어요. 다윈은 자신이 발견한 핀치새에 번호를 붙여보았어요.

부리가 가늘고 뾰족한 1번 핀치새는 개미를 먹고 살았어요.
역시 부리가 가늘고 뾰족한 2번 핀치새는 나비를 잡아 먹었어요.
부리가 크고 뭉툭한 3번 핀치새는 땅에 떨어진 씨앗을 깨 먹었어요.
역시 부리가 크고 뭉툭한 4번 핀치새도 껍질이 딱딱한 씨앗을 먹고 살았지요.

이를 바탕으로 다윈은 귀납을 통해 결론을 내렸어요.
"아하! 핀치새는 자신이 먹어야 하는 먹이에 적합하게 부리의 모양이 달라졌구나."
이것이 현대 생물학의 출발점이 된 진화론의 핵심입니다.
바로 귀납의 힘을 사용했답니다.

PART 2. 논리적 사고는 어떻게 하는 걸까?

PART 3
논리적 사고를 위해 필요한 건 뭘까?

지금까지 논리적 사고를 구성하는 기본 요소를 알아보았습니다.
이제 이 요소들이 서로 어떻게 어울려야 훌륭한 논리적 사고가 이루어지는지 알아볼 차례입니다. 아무리 좋은 재료를 모으더라도 그것을 마구 섞어서는 맛있는 요리가 되지 않아요. 마찬가지로 현안, 주장, 근거를 아무렇게나 섞어서는 좋은 논리적 사고가 되지 않지요.
그렇다면 이것들은 어떻게 결합해야 할까요? 다음의 여섯 가지 기준을 따라서 결합해야 합니다.

분명성 / 타당성 / 진리성 / 유관성 /
깊이 있는 생각 / 폭넓은 생각

어때요? 어려울 것 같나요?
그 내용이 6개나 된다구요?
하지만 10개를 넘지는 않네요.
재미있는 이야기를 따라서 읽다보면, 생각하는 힘이 커져 있는 자신을 발견할 거예요.

분명성
그 뜻이 아니었어

"산신령님! 저는 산신령님의 말을 믿고 곰과 장기를 두었습니다.
그런데 제가 졌단 말이에요. 대체 왜 거짓말을 하신 거죠?"

초딩 인생 처음 논리

곰과 오랫동안 으르렁거리고 다투며 살아가던 호랑이에게 고민이 생겼어요.

설악산에는 호랑이가 탐내던 아주 좋은 동굴이 있는데,

곰이 한마디 말도 없이 그 동굴을 먼저 차지해 버린 거지요.

하지만 곰과 직접 맞붙어 싸울 수는 없었어요.

둘 다 다칠 것이 뻔하니까요.

고민하던 호랑이는 곰을 찾아가서 말했어요.

"네가 차지한 그 동굴은 원래 내가 눈여겨보던 거였어."

곰이 콧방귀를 뀌면서 대답했어요.

"흥! 나도 오래전부터 이 동굴을 차지하려고 준비했단 말이야. 내가 차지했으니 이 동굴은 내 거야."

곰도 결코 양보할 생각이 없어 보였어요.

하지만 호랑이에게는 계획이 있었지요.

"숲속의 동물들끼리 싸우는 것은 나쁜 일이야. 그러니까 우리 장기를 두어서 결정을 하자. 이기는 쪽이 동굴을 차지하는 거지. 어때?"

곰이 장기를 좋아한다는 것을 호랑이는 알고 있었답니다.

아니나 다를까. 곰은 호랑이의 제안에 귀가 솔깃했어요.

PART 3. 논리적 사고를 위해 필요한 건 뭘까?

"장기를 두자고? 좋은 생각이야. 싸우는 것보다 훨씬 낫지."
곰이 흔쾌히 대답했어요.

호랑이는 속으로 쾌재를 불렀답니다. 왜냐하면 호랑이는 설악산 산신령님께 예언을 들었기 때문이에요. 산신령님은 미래를 잘 알려주지 않지만, 호랑이는 매일같이 찾아가 그 동굴을 차지할 방법을 알려달라며 졸라댔어요.
'어흥~!'하는 큰 목소리로 산이 쩌렁쩌렁 울리도록 말이죠.
호랑이 때문에 너무나 시끄러웠던 산신령님은 짧게 대답하셨어요.
"장기를 둔다면 덩치가 큰 동물이 이길 것이다."
그 말을 들은 호랑이는 덩치 큰 동물이 자신이라고 생각했어요.
'산신령님의 예언은 틀릴 리가 없지. 나는 곰보다 덩치가 크니까 장기를 두면 동굴은 내 차지야.'

호랑이와 곰은 곧 산속의 모든 동물들을 불러 모으고서는 장기를 두었어요.
다른 동물들이 증인이 되어야 했기 때문이지요.
호랑이는 최선을 다해 조심스럽게 장기를 두었어요.
하지만 장기를 좋아하는 곰은 호랑이보다 훨씬 실력이 앞섰지요.

PART 3. 논리적 사고를 위해 필요한 건 뭘까?

결국 곰이 승리했어요.

"와! 내가 이겼다. 이제 호랑이 넌 두 번 다시 내 동굴을 탐내지 마!"

곰이 다른 동물들 앞에서 호랑이에게 큰 소리로 말했어요.

장기에서 진 호랑이는 분한 마음을 감출 수 없었어요.

곧바로 산신령님을 찾아갔지요.

"산신령님! 저는 산신령님의 말을 믿고 곰과 장기를 두었습니다. 그런데 제가 졌단 말이에요. 대체 왜 거짓말을 하신 거죠?"

그러자 산신령 할아버지가 말씀하셨어요.

"내가 분명히 말했지 않느냐. 덩치 큰 동물이 이길 것이라고! 그리고 그 덩치 큰 동물은 곰을 말하는 것이었느니라."

How to Think 어떻게 생각해야 할까?

호랑이는 무엇을 잘못 생각했을까요?

'덩치 큰 동물'이 당연히 자신이라고 착각한 거죠. 호랑이는 물론 덩치가 큰 동물이지만 곰도 만만치 않으니까요. 만약 호랑이가 토끼랑 장기를 두었다면, '덩치 큰 동물'의 뜻이 좀 더 확실했을 거예요.

이렇게 생각의 중요한 부분은 분명한 뜻을 가져야 한답니다. 그렇지 않으면 틀린 생각이 되기 쉬워요. 지금까지 배운 것을 활용해서 호랑이의 생각을 정리해 봅시다.

현안 : 호랑이와 곰이 장기를 두면 누가 이길까?
주장 : 덩치가 큰 동물이 이긴다.
근거 : 왜냐하면 산신령님이 그렇게 말했으니까.
그리고 산신령님의 말은 항상 옳아.

결국 알고자 하는 것은 '덩치가 큰 동물이 이긴다'는 사실이에요.
그런데 이상하죠?
'덩치가 큰 동물이 이긴다'는 것을 알아도 정확한 답을 알 수가 없어요.
주장의 뜻이 분명하지 않기 때문이랍니다. 만약 "얼룩무늬가 있는 동물이 이긴다"라는 말이었다면 답이 확실했을 거예요. 곰과 호랑이 중 얼룩무늬가 있는 동물은 호랑이니까요.

생각을 나타내는 말은 뜻이 분명해야 합니다. 그렇지 않으면 그 생각을 제대로 파악

할 수 없어요. 생각이 분명해야 한다는 것을 모르면, 호랑이처럼 아무것도 모르면서 자신이 다 안다고 착각하고 실수할 수 있어요.

남들과 대화할 때도 마찬가지랍니다. 생각이 분명하지 않으면 다른 사람에게 제대로 자기 생각을 전할 수가 없어요. 다음의 대화를 볼까요?

　　　엄마 : 철수야, 오늘 간식으로 뭘 먹고 싶어?
　　　철수 : 맛있는 걸 먹고 싶어요.

이렇게 대답하면 철수는 자신이 진짜 원하는 것을 먹을 수 없을 거예요.
엄마는 철수에게 맛있는 간식을 사 주고 싶지만, 엄마가 생각하는 맛있는 간식과 철수가 생각하는 맛있는 간식이 일치하는지는 분명하지 않으니까요.

생각의 분명성은 자신의 생각을 표현할 때에 특히 필요합니다.
분명성은 현안, 주장, 근거의 각 부분들에서 말의 뜻을 알 수 있는 것을 말합니다. 그림으로 설명하면 다음과 같습니다.

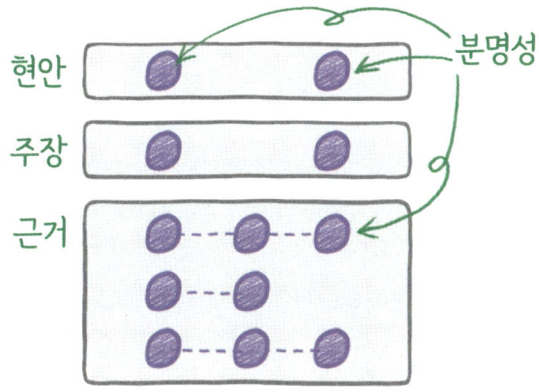

하지만 어른들조차도 자신의 생각을 분명하게 표현하지 못할 때가 많답니다.

"그 가게가 어디에 있어요?"
"지하철역에서 나와서 이쪽으로 죽~ 올라오면 있어."

이렇게 길을 설명해 주는 사람들이 많아요. 하지만 저 설명으로는 지하철역에서 나와서 길을 찾을 수가 없답니다.

'이쪽으로' 올라오라는데, '이쪽'이 어디일까요? 아무도 알 수 없답니다. 남에게 생각을 말할 때가 아니라 자신의 생각을 기록할 때도 어렵습니다. 맛있는 요리법을 배워서 글로 써 놓았다고 해 봅시다.

★ 생선을 구운 후에는 적당한 때에 소금을 적절히 뿌려야 한다.

한 달 후에 자신이 쓴 요리법을 보고 요리를 잘 할 수 있을까요? 생선을 구운 후 '적당한 때'가 언제일까요? 소금을 얼마나 뿌리는 것이 적절히 뿌리는 것일까요? 이렇게 되면 그 생선구이는 맛없는 음식이 되기 쉬울 거예요.

이렇게 불분명한 표현을 쓰면 글로 자신의 생각을 정확히 비춰볼 수 없어요. 자신의 생각을 정확히 들여다보고 발전시킬 수도 없는 거죠. 논리적 사고를 키울 수 없게 되는 것입니다.
이런 실수를 하지 않으려면 글을 쓸 때 여러 번 고쳐 써야 한답니다.

타당성
제 꾀에 넘어간 당나귀

"그래, 역시 짐이 무거울 때는
강물에 넘어지면 되겠어."

한 당나귀가 길을 걸으며 땀을 뻘뻘 흘리고 있었어요.

등에 무거운 짐을 싣고 있었거든요.

당나귀의 주인인 상인이 내다 팔기 위한 소금이었어요.

"이 소금을 이웃 마을에 가서 팔면 큰돈을 벌 수 있어."

하지만 당나귀에게는 소금이 너무나 무거웠어요.

그렇다고 불평을 할 수도 없었답니다.

불평을 하면 주인이 밥을 주지 않을 테니까요.

당나귀는 할 수 없이 주인이 이끄는 대로 타박타박 걸었어요.

그러다 강물을 만났어요.

상인은 주위를 둘러보았지만 다리를 찾을 수 없었어요.

다행히 강물이 깊지 않아서 그냥 건널 수 있었어요.

"강이 얕아서 다리를 만들지 않은 모양이군. 할 수 없다. 그냥 걸어서 건너자. 이랴~!"

상인은 당나귀를 끌고 강물로 휘적휘적 걸어 들어갔습니다.

그런데 강 한복판에서 그만 당나귀가 넘어지고 말았어요.

풍덩~.

강바닥이 자갈들로 울퉁불퉁해서 당나귀가 걸음을 헛디딘 거죠.

당나귀는 무거운 소금을 나르는 것도 죽을 맛인데 강물에 빠지기까지 하니 더욱 서러웠어요.

"아이고~ 당나귀 죽네~!!"

주인이 부축해 준 덕분에 당나귀는 간신히 일어났답니다.

그런데, 당나귀는 갑자기 등이 홀가분해진 사실을 발견했어요.

등에 짊어지고 있던 많은 소금이 강물에 빠지면서 몽땅 녹아버렸기 때문이지요.

"이야~! 신난다! 몸이 순식간에 가벼워졌어~!"

당나귀는 날아갈 듯 가벼운 발걸음으로 강을 건넜어요.

하지만 소금을 강물에 잃어버린 당나귀의 주인은 다음 날 소금을 또 사야 했어요.

그러고는 무거운 소금을 또다시 당나귀 등에 실었지요.

하지만 당나귀는 꾀가 생겼답니다.

다시 강을 건너게 되자 또 같은 자리에서 넘어진 거지요.

이번에는 발을 헛디디지 않았지만 일부러 넘어졌어요.

그래야 소금이 강물에 녹아서 짐이 가벼워지니까요.

"그래, 역시 짐이 무거울 때는 강물에 넘어지면 되겠어."

강물에서 일어선 당나귀는 이번에도 가벼워진 자루를 싱글벙글 웃으며 실어 날랐어요.

하지만 주인은 당나귀의 꾀를 눈치채고 말았습니다.

"이런 못된 당나귀 녀석. 일부러 넘어져서 소금을 모두 잃게 만들다니!"

화가 난 주인은 당나귀를 혼쭐내기로 마음먹었어요.

주인은 시장에 가서 이번에는 소금이 아닌 솜뭉치를 잔뜩 샀어요.

그러고는 당나귀 등에 한가득 싣고는 다시 길을 떠났죠.

솜뭉치는 소금 자루만큼 무겁지 않았어요.

하지만 당나귀는 그마저도 가볍게 하고 싶은 욕심이 생겼답니다.

아니나 다를까, 다시 강을 건너게 되자 이번에도 당나귀는 꾀를 냈어요.

또 강 한가운데서 첨벙 넘어져 버린 거죠.

그런데 이상하게도 이번에는 다시 일어서고 나니 등의 짐이 가벼워지기는커녕, 처음보다 열 배는 더 무거워졌어요.

물에 녹는 소금과는 다르게, 솜은 강물을 빨아들였기 때문이었어요.

제 꾀에 속은 당나귀는 물에 푹 젖은 무거운 솜을 싣고 먼 길을 가야만 했답니다.

자기 꾀에 속아 넘어간 당나귀, 참 우스워 보이죠? 하지만 우리들도 당나귀와 같이 잘못된 판단을 하곤 해요. 이런 실수를 막으려면, 당나귀의 실수부터 잘 살펴봅시다.

당나귀는 다음과 같이 생각했어요.

★ 저번에 짐을 강물에 빠뜨렸더니 가벼워졌다.
★ 이번에 또 짐을 강물에 빠뜨렸더니 가벼워졌다.
★ 그러니까, 다음에도 짐을 강물에 빠뜨리면 가벼워질 거야.

이것을 현안, 주장, 근거로 정리해 보면 다음과 같답니다.

현안 : 어떻게 하면 짐이 가벼워질까?
주장 : 짐을 강물에 빠뜨리면 가벼워질 거야.
근거 : 왜냐하면 다음과 같은 일이 있었기 때문이야.
  저번에 짐을 강물에 빠뜨렸더니 가벼워졌다.
  이번에 또 짐을 강물에 빠뜨렸더니 가벼워졌다.

이것을 보면, 근거가 옳다고 해도 반드시 주장이 옳다는 법은 없다는 걸 알 수 있어요. 짐을 강물에 두 번 빠뜨렸는데 두 번 다 가벼워지긴 했지만, 강물에 빠뜨리면 반드시 짐이 가벼워진다고 확실하게 말할 수 있을까요?
그렇지 않습니다. 세상에는 몇 번 반복되다가 달라지는 일들이 매우 많아요.

목요일에 학교에 가면 친구가 있었고 금요일에도 학교에 가면 친구가 있지요. 그렇다고 토요일에 학교에 가면 친구가 있을까요? 아니죠.

어제 사탕을 먹고 양치질을 하지 않았는데 충치가 안 생겨요. 오늘 또 사탕을 먹고 양치질을 하지 않아도 충치는 안 생기죠. 아마 내일도 그럴 거예요. 하지만 계속 그렇게 사탕을 먹고 양치질을 하지 않으면 머지 않아 충치가 생기게 된답니다.
이렇게 한두 번 어떤 일이 반복된다고 해서 다른 모든 경우에 그런 일이 계속 일어난다고 판단하는 것은 옳지 않아요. 이것을 '타당성이 없다'라고 말합니다.

만약에 상황이 달라져서 다음과 같은 경우라면 타당한 거예요.

현안 : 어떻게 하면 짐이 가벼워질까?
주장 : 내가 힘이 세지면 짐이 가벼워질 거야.
근거 : 누구나 힘이 세지면 짐을 더 가볍게 느끼니까.

누구나 힘이 세져서 짐이 가볍게 느껴진다면 당나귀의 경우에도 반드시 그럴 테니까요. 즉 근거에서 반드시 주장이 나오는 거죠. 이게 타당성이랍니다. 왜냐하면 이 때 근거는 "누구나 힘이 세지면 짐을 가볍게 느낀다"이기 때문이지요.
누구나 그렇다면 나도 그렇지 않겠어요?
근거 안에 이미 있는 생각을 주장하는 것이기 때문에 반드시 옳은 것이지요.
연역적 추리를 했기 때문이랍니다.

참고로, 연역 추리는 항상 타당해요. 하지만 귀납 추리는 항상 타당한 건 아니에요. 귀납 추리는 대체로 옳을 뿐이랍니다.

PART 3. 논리적 사고를 위해 필요한 건 뭘까?

#타당성은 생각 전체에서 주장과 근거의 관계를 설명합니다. 주장과 근거의 관계가 좋을 때 타당한 것이랍니다. 더 정확히 말하면, 근거가 옳을 때 주장이 반드시 옳은 경우를 말하지요. 그림으로는 이렇게 설명할 수 있어요.

그림에서 보듯이, 근거가 주장을 틀림없이 뒷받침할 때 '타당하다'라고 말하는 것입니다.
논리적 사고에서 근거를 찾는 법에는 연역과 귀납이 있어요.
앞에서 한번 설명했지요?
연역과 귀납 중에서 연역은 타당하고 귀납은 타당하지 않답니다.
귀납은 대체로 옳지만, 틀림없이 옳은 추리 방식은 아니기 때문이지요.

타당성을 잘 이해하기 위해서는 연역과 귀납을 비교해 볼 필요가 있어요.
연역 추리는 항상 타당하답니다. 앞에서 본, 솔로몬이 지혜로운 판결을 내려 아기의 엄마를 찾아주었던 이야기를 떠올려 보세요.
'모든 엄마는 자기 아기를 살리려 한다'에서 '아기를 살리려 하지 않은 저 여인은 엄마가 아니다'라는 생각을 하는 것이 타당한 사례였어요.
연역 추리의 특징은 주로, '모든 …'에 대해서 말하고 거기에서 '이것도 …' 그러하다는 주장을 한다는 거예요.
'모든 엄마'가 그러하다면 여기 있는 '어떤 엄마'도 반드시 그러하겠죠.
한편 귀납은 타당할 수 없고, 대신에 그저 합리적일 뿐입니다.
당나귀가 여러 번 물에 빠지고 짐이 가벼워졌을 때, '이번에도 물에 빠지면 짐이 가벼워지겠지'라고 생각하면 타당하지는 않아요. 10번 그러했더라도, 이번에는 혹시 다를 수도 있지 않겠어요. 정말 그럴 수 있어요. 그래서 앞에서 본 이야기에서 포피는 트럭에서 떨어뜨린 고깃덩어리를 먹었던 거죠. 그래도 그 후 10번이나 계속 트럭이 더 이상 고깃덩어리를 흘리지 않았다면 포피는 합리적으로 결론을 내려야 한답니다. "아, 더 이상은 음식 트럭에서 고깃덩어리를 흘리지 않는구나."

그런데 우리의 생각은 연역과 귀납을 같이 사용한답니다.
과학자가 어떻게 생각하는지를 살펴봅시다.
과학자 파스퇴르는 여러 마리의 양에게 **#탄저병 #백신**을 주사하자 양이 탄저병에 걸리지 않는 것을 관찰했답니다. 여기에서 파스퇴르는 "탄저병 백신을 맞으면 탄저병이 예방된다"라고 생각했어요. 여기까지는 귀납입니다. 특히 많은 양에서 관찰을 했다면 합리적인 귀납이죠.
이렇게 얻어진 결론을 근거로 "저 양도 탄저병에 안 걸리려면 백신을 맞아야 해"라고 생각한다면 연역입니다.

PART 3. 논리적 사고를 위해 필요한 건 뭘까?

097

[근거] 여러 양들이 백신을 맞자 탄저병에 걸리지 않았다.
　　↓ (귀납) 합리적: 타당하지는 않다.
[주장1] 어떤 양이든 백신을 맞으면 탄저병에 걸리지 않는다.
　　↓ (연역) 타당하다: 반드시 옳다.
[주장2] 이 양도 백신을 맞으면 탄저병에 걸리지 않을 거야.

좀 복잡하죠?
논리적 사고에서 근거가 타당한지를 따지려면 어떻게 해야 할까요?
어려운 논리학을 배운다면 상세한 사고법을 익힐 수 있어요. 하지만 기본적으로는, 자신이 틀리지 않았는지 조심스럽게 이모저모 따져보는 태도가 중요하답니다.

#타당성 어떤 판단이 가치가 있다고 인식되는 일. 곧 어떤 판단이 진실인 경우에 그 판단은 타당성이 있다고 한다

#탄저병 탄저균 감염에 의해 발생하는 급성 전염성 병

#백신 전염병에 대하여 인공적으로 면역을 주기 위해 생체에 투여하는 항원의 하나

진리성
공룡이 걱정이야

"어떤 책에서 읽었는데, 공룡 티라노사우루스가 나타나면 우리 모두 먹잇감이 되는 건 시간문제래."

어느 날 아기 호랑이가 산속을 지나가다가 무언가를 발견했어요.

그것은 사람이 떨어뜨린 책이었어요.

책장을 넘겨보았더니, 호랑이 자신에 대한 이야기는 물론이고 여태껏 듣도 보도 못한 다양한 동물들에 대한 이야기가 담겨 있었어요.

"이것 참 재미있는 책이구나. 게다가 모든 내용이 틀림없어. 나 호랑이와 내가 아는 모든 동물들에 대해서 그래. 매우 도움이 되겠어."

호랑이는 책의 내용이 매우 옳고 정확하다고 생각했습니다.

책에는 티라노사우루스라는 공룡에 대해서도 쓰여 있었어요.

"옛날 옛적 지구에는 엄청나게 큰 공룡들이 살고 있었구나."

티라노사우루스가 호랑이보다 훨씬 힘이 세고, 커다란 이빨과 무시무시한 발톱을 가졌다는 사실까지 알게 되었지요. 그리고 책장을 넘기던 호랑이는 더 놀라운 사실을 알게 됐어요.

책 속 학생의 질문에 선생님이 다음과 같이 대답했기 때문이에요.

"선생님, 티라노사우루스가 이 세상에 나타나면 어떻게 되나요?"

"티라노사우루스는 호랑이나 사자보다도 크고 강력해서 이들을 모두 잡아먹을 수 있어요."

그 내용을 읽은 호랑이는 두려움에 사로잡혔습니다.

지금까지는 호랑이가 동물들 중에서 가장 용맹하고 강하다고 생각했어요.

물론 사자도 힘이 세지만, 호랑이와 다투지 않고 떨어져 살았죠.

그래서 호랑이들은 세상 어떤 동물도 두렵지 않았어요.

그런데 티라노사우루스가 나타나면 호랑이도 사자도 모두 한 입 거리 먹이라는 사실을 알게 된 거예요.

호랑이는 이 엄청난 사실을 얼른 다른 동물들에게도 알려야 한다고 생각했어요.

그래서 헐레벌떡 사자와 곰을 찾아갔어요.

"얘들아! 나 오늘 엄청난 사실을 알아냈어. 티라노사우루스라는 힘세고 무서운 공룡이 나타나면 우리는 모두 그 공룡의 먹잇감이 된다는 거야!"

사자와 곰도 깜짝 놀라 펄쩍 뛰었어요.

"그게 정말이야? 우리들을 단숨에 먹어치울 수 있다고?"

"말도 안 돼, 어떻게 그럴 수가 있어!"

사자와 곰도 호랑이의 말을 듣고 겁에 질린 채 걱정했어요.

이 소식은 곧 동물들 사이에 퍼져나갔습니다.

"어떤 책에서 읽었는데, 공룡 티라노사우루스가 나타나면 우리 모두 먹잇감이 되는

건 시간문제래."

"나도 그거 읽었어. 그 책에 있는 내용은 다 맞는 말이더라."

커다란 걱정거리가 생긴 동물 친구들이 문제를 해결하기 위해 한자리에 모였어요.

"만약 티라노사우루스라는 공룡이 나타나면 우리처럼 힘센 동물들도 모두 잡아먹어 버릴 거야. 이를 어쩌지?"

늑대와 여우도 벌벌 떨며 걱정했습니다.

그때 멀찍이서 동물들을 바라보던 엄마 토끼가 그 이야기를 들었습니다.

토끼는 다른 동물들보다 힘이 약해서 모임에 끼워주지도 않았거든요.

엄마 토끼는 아기 토끼에게 말했습니다.

"저 동물들은 다들 힘은 세지만, 영리하지 못해서 쓸모없는 걱정들을 하고 있구나."

아기 토끼는 엄마의 말을 잘 이해하기 어려워 다음 말을 기다렸어요.

그러자 엄마 토끼가 설명했어요.

"티라노사우루스가 나타난다면 모든 동물들은 물론 먹잇감이 되겠지. 하지만 그럴 일은 없어. 공룡은 수만 년 전에 멸종했거든."

PART 3. 논리적 사고를 위해 필요한 건 뭘까?

어떻게 생각해야 할까?

공룡이 나타나면 틀림없이 자신은 잡아먹힐 거라고 걱정하는 호랑이, 어떤가요? 토끼가 말했듯이 이 생각은 틀린 곳이 있어요. 호랑이의 생각을 살펴봅시다.

현안 : 우리는 왜 안전하지 못할까?
주장 : 우리는 티라노사우루스의 먹잇감이 될 테니까.
근거 : 왜?
티라노사우루스가 동물 중에 가장 강하고 큰 이빨과 발톱을 가진 무서운 동물이다.
그런 동물이 나타난다면 우리는 그의 먹잇감이 될 것이다.

위에서 보듯이 호랑이의 근거는 세 개입니다.

근거 1 : 티라노사우루스가 가장 강하고 무서운 동물이다.
근거 2 : 그런 동물이 나타난다면 우리는 그의 먹잇감이 될 것이다.
근거 3 : 그리고, 티라노사우루스가 실제로 나타날 거야.

우리는 얼핏 근거 1과 2만 생각하기 쉽습니다. 하지만 호랑이는 근거 3까지 생각하고 있어요. 그래서 걱정하는 것이지요. 그런데 티라노사우루스가 실제로 나타날 거라는 근거 3은 참이 아닙니다. 우리가 보기에 호랑이의 걱정이 잘못되어 보이는 이유도 이 때문입니다.
근거 3은 명확하게 생각하지 않을 때가 많습니다. 그래도 주장과 근거 사이에서 논리적으로는 작용하지요. 잘못된 근거가 작용해서 호랑이의 잘못된 걱정을 만들어냈군요. 이런 문제를 쉽게 이해하기 위해 다음의 논리적 추리를 살펴볼까요.

현안 : 오늘은 맑은데 외출할 때 무엇이 필요할까?
주장 : 우산이 필요하다.
근거 : 왜? 비가 온다면 우산이 필요하니까.

여기서 이상한 건 어느 부분일까요? 비가 온다면 우산이 필요하다는 생각은 옳아요. 맑은 날에도 이 생각은 옳답니다. '만약 비가 온다면' 우산이 필요하니까요.
그런데 맑은 날이라면 비가 오지 않는답니다. 물론 맑은 날이라도 비가 올 수 있어요. 그래서 주장하는 사람은 날씨가 맑은데도 우산이 필요하다고 말하는 것이기도 하죠.

여기서 우리는 두 가지를 구분해야 합니다.
첫째, 비가 오면 우산이 필요한데 실제로 비가 온다고 해 봅시다. 그 때 우산이 필요하다는 것은 타당한 추론이에요. (말이 좀 길었죠? 주장과 근거 관계, 즉 두 생각의 관계를 따지기 때문입니다.)
둘째. 정말 오늘 비가 올까? 이것은 별도의 문제입니다.
근거의 한 부분, 즉 하나의 생각에 대해서 따져봐야 합니다. 실제로 비가 오는지 오지 않는지 살펴봐야 한다는 말이에요.
비가 온다면 우산이 필요하다는 생각이 옳더라도, 실제로 비가 오는지는 별개의 문제라는 말이죠.

마찬가지로 공룡이 나타나면 다른 동물들은 먹잇감이 되겠지만, 이미 멸종한 공룡이 나타날 리는 없습니다. 그러니까, 호랑이를 비롯한 많은 동물들은 참이 아닌 것에 대해서 걱정하고 있는 거예요. 논리적인 사고에서는 이것을 '진리성'의 문제라고 한답니다.
'진리성'이라는 말이 어려워 보이고, 다른 분야에서는 '진리'라는 말이 심오한 뜻으로 쓰일 때가 있어요. 하지만 논리학에서 사용하는 용어는 항상 단순하고 분명한 의미를 가지고 있지요.
진리성도, '실제로 그렇다'라는 뜻 혹은 '참이다'라는 뜻일 뿐입니다.

우리도 호랑이와 같이 잘못된 진리성을 가진 생각으로 골머리를 앓는 경우가 많아요. 어둠 속에서 귀신이 나타날까봐 걱정하는 것이 대표적이랍니다. 만질 수도 없고 몽둥이를 휘둘러도 때릴 수 없는, 흉측한 귀신이 있다면 정말 무섭겠지요. 그리고 많은 친구들은 그런 귀신이 나타날까 봐 두려워해요. 그런 귀신이 만약 나타난다면 우린 얼마나 무서울까요?
하지만 귀신이 정말 나타날까요?
귀신은 이 세상에 없답니다. 그러니까 귀신이 나타날 수 있다는 걱정은 진리성이 없는 생각이에요.

진리성은 왜 필요할까요?
논리적으로 사고하기 위해서는 현안, 주장, 근거로 생각을 정리할 수 있어야 합니다.
그리고 가장 믿을만한 생각은 타당한 생각이지요.

앞에서 설명했듯이, 바로 근거가 옳을 때 주장이 옳은 경우랍니다.
이건 중요해서, 여러 번 강조할 필요가 있어요.
그런데 타당한 생각에서는 근거가 정말 옳을까요?
이것을 따져보는 것이 진리성이랍니다. 그림으로는 다음과 같이 설명할 수 있어요.

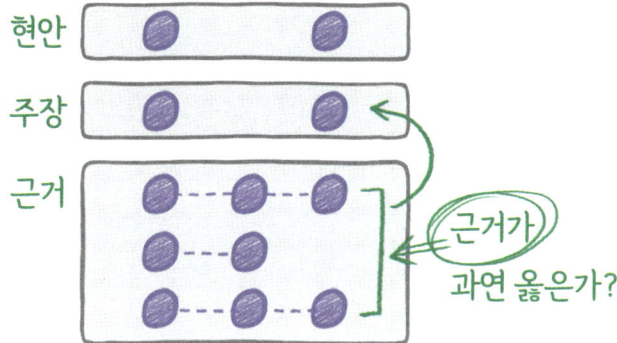

더 간단하게 설명해 볼까요?

> 비가 온다는 일기예보가 있다면 [근거]
> 우산을 가져가야 한다.[주장]

이 생각을 주장과 근거로 다시 쓰면 이렇습니다.

> 주장 : 우산을 가져가야 한다.
> 근거 : 왜냐하면 비가 온다는 일기예보가 있기 때문이다.

그런데 정말 비가 온다는 일기예보가 있나요?
이것을 따지는 것이 진리성입니다.
오늘 비가 오지 않더라도 "비가 온다면 우산을 챙겨라"라는 부모님 말씀은 옳아요. 그런데 부모님 말씀을 잘 듣는 아이라도, 맑고 화창한 날에는 우산을 가져가지 않겠죠. 이와 같은 것입니다. 타당한 논리적 사고에서 근거가 실제로 그러한지를 따져볼 필요가 있는 것입니다.

유관성
자신만 아는 비밀

"아마 내가 좋아하는 빨간색 유니폼 팀이
검은색 유니폼 팀을 이길 거야."

어느 마을에 운동 경기를 좋아하는 철수가 살았어요.

철수는 내기하는 것도 몹시 좋아했지요.

그래서 운동 경기를 볼 때마다 친구 영수와 내기를 하곤 했어요.

그리고 진 사람이 이긴 친구가 원하는 것을 하나씩 해주기로 했답니다.

하루는 철수가 야구팀 경기를 보고 있었어요.

빨간 유니폼과 하얀 유니폼을 입은 팀이 겨루고 있었죠.

그런데 철수가 좋아하는 색인 빨간 유니폼을 입은 팀이 경기에서 이겼어요.

"와~, 역시 내가 좋아하는 빨간색 유니폼을 입으니까 이긴 거야."

철수는 그렇게 환호성을 질렀지요.

잠시 후에 철수는 TV에서 배구 경기를 보았습니다.

배구는 빨간 유니폼을 입은 팀과 파란 유니폼을 입은 팀의 경기였죠.

이번에도 빨간 유니폼을 입은 팀이 이겼어요.

"어라, 이것 봐라~, 빨간색 팀이 이겼네."

다음 날 철수는 축구 경기를 보게 되었어요.

"아마 내가 좋아하는 빨간색 유니폼 팀이 검은색 유니폼 팀을 이길 거야."

정말 신기하게도, 축구 경기에서도 빨간색 유니폼의 팀이 이기고야 말았습니다.

PART 3. 논리적 사고를 위해 필요한 건 뭘까?

철수는 점점 확신을 갖기 시작했어요.

자신이 좋아하는 빨간색이 경기의 승리와 연관이 있다는 것을요.

이번에는 농구 경기를 보게 되었어요.

농구 경기에서는 하얀색 유니폼과 녹색 유니폼을 입은 팀이 겨루었어요.

그런데 결과는 무승부로 끝나고 말았지 뭐예요.

"내가 좋아하는 빨간 유니폼을 안 입어서 그래. 그래서 아무도 승리하지 못한 거야."

마침내 철수는 자신의 생각이 옳다고 믿기 시작했어요.

"이렇게 중요한 비밀을 알게 되었다니 나는 정말 행운아야. 이제 영수와의 내기에서 항상 이길 수 있겠어."

권투 경기가 있던 날, 철수는 영수를 집으로 불러 같이 TV를 보았습니다. 물론 이번에도 내기를 했죠.

경기가 시작될 때 보니, 빨간 유니폼을 입은 선수가 있었어요.

그것을 본 철수가 영수보다 먼저 말했어요.

"나는 빨간 유니폼을 입은 선수에게 내기를 걸 거야."

영수가 비웃었어요.

"철수야, 잘못 생각한 거 아냐? 빨간 유니폼의 선수는 경력도 짧고 기술도 좋지 않

아. 검은 유니폼을 입은 선수가 실력도 좋고 펀치도 세다고."

영수는 검은색 유니폼의 선수에게 내기를 걸었지요.

아니나 다를까. 권투 경기는 3회전 만에 검은색 유니폼 선수의 승리로 끝나고 말았답니다.

그 선수의 펀치가 세고 실력이 좋았기 때문이지요.

철수는 내기에서 져서 영수가 원하는 것을 해줘야 하는 처지가 되고 말았습니다.

혼자 이렇게 중얼거리면서 말이에요.

"이상하다! 이럴 리가 없는데…."

철수는 왜 내기에서 졌을까요?
잘못 생각했기 때문입니다. 과연 어떤 부분이 잘못된 생각이었을까요?
바로 유니폼의 색깔이 경기의 승부를 결정한다는 생각이었어요.

현안 : 백두산 팀과 한라산 팀 중 어느 팀이 이길까?
주장 : 백두산 팀이 이길 것이다.
근거 : 왜냐하면 백두산 팀이 빨간색 유니폼을 입고 있기 때문이다.

이 생각에서 근거에 있는 '빨간색 유니폼'은 팀의 승리와는 관련이 없습니다.
누가 봐도 유니폼의 색깔은 팀의 승리와 관련이 없죠.
만약 관련이 있다면 스포츠팀은 모두 같은 색 유니폼을 입겠지요. 같은 색을 입을 수 없다면 그 색을 고르려고 경기 전부터 다툴 거예요.

이렇게 어떤 사실을 근거로 삼으려면 그 내용이 현안과 관련이 있는지를 생각해야 합니다.
현안과 근거의 관련성을 '유관성'이라고 한답니다.
유관성이란, 관련(關)이 있는지(有)를 따지는 성질(性)입니다.
하지만 다음의 현안과 근거는 유관성이 없지요.

현안 : 어느 스포츠팀이 이길까?
근거 : 팀의 유니폼이 빨간색이다.

철수가 유니폼의 색깔이 아니라 팀의 체력을 근거로 생각했다면 훨씬 더 합리적인 추리를 할 수 있었을 겁니다. 다음과 같이 말이지요.

- 현안 : 어느 팀이 이길까?
- 주장 : A팀이 이길 것이다.
- 근거 : 왜냐하면 A팀 체력이 더 좋기 때문이다.

물론 체력이 좋은 스포츠팀이 항상 이기는 것은 아닙니다. 그러나 체력은 스포츠팀의 승리와 관련이 있어요. 이와 같이 유관성은 논리적인 사고력을 키울 때 생각해야 하는 중요한 기준입니다.

유관성은 현안과 다른 내용과의 관계를 말합니다.
그림으로 설명하면 다음과 같아요.

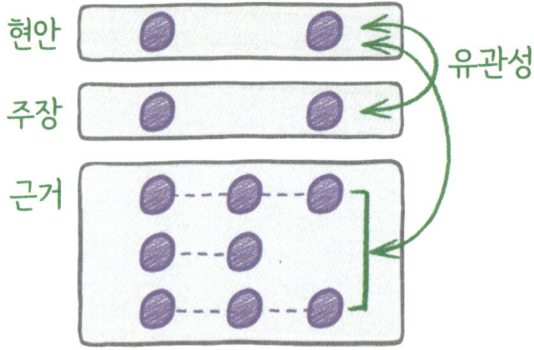

앞에서 우리는 현안이 생각의 출발점이라는 것을 알았습니다.
그러니까 그 다음에 나오는 생각은 현안을 따라서 나오는 것이죠.
그러니까 현안과 관련 없는 생각이 나오는 것은 좋지 않아요.

그래도 지금의 현안과 무관한 생각을 하려면 어떻게 해야 할까요?
새로운 질문(현안)을 던져서 생각을 해야 합니다. 이것도 생각하고 저것도 생각하는
것은 나쁘지 않아요. 나쁜 것은 이 생각과 저 생각을 마구 뒤섞어버리는 것이지요.

"철수야, 너는 왜 선생님에게 야단을 맞았니?"
"영수도 어제 선생님에게 야단을 맞았단 말이에요."

이것이 유관성이 없는 질문과 대답의 예랍니다.
우리의 논리적 사고는 모두 질문과 대답으로 구성된다는 것을 기억하죠?
그와 같은 것입니다.
철수는 '자신이 왜 야단을 맞았는가?'라는 현안에 대해서 별로 상관이 없는 영수 이야기를 꺼낸 것이지요.
그러니 엉뚱한 대답이 되고 맙니다. 생각에 유관성이 있어야 내용이 일목요연하게 느껴집니다.

생각의 깊이
토끼의 잘못된 자신감

"그래? 여우는 몸집이 작은 동물을 잡아먹지 못하는구나. 네 이름은 뭐니?"

초딩 인생 처음 논리

토끼는 항상 여우가 무서웠어요.

여우는 덩치가 크고 힘이 센데다가 강력한 송곳니가 있고, 토끼만큼 빠르게 달리기까지 했거든요.

그래서 토끼는 항상 여우를 피해 조심스럽게 들판을 달렸어요.

그러던 어느 날, 토끼는 길에서 낯선 동물을 마주쳤습니다.

자기보다 작은 동물이었어요.

"안녕, 너는 나보다도 작구나."

"안녕, 너도 작은 동물이구나. 반가워."

그 작은 동물이 인사했어요.

"나도 반가워. 너는 몸집이 작으니까 빨리 달리지 않으면 위험하겠구나."

토끼는 작은 동물이 걱정되어 말했습니다.

"아니, 왜?"

"왜냐하면 우리 같은 작은 동물들은 큰 동물들의 먹잇감이 되기 때문이야. 그래서 나는 항상 여우를 조심해."

그러나 작은 동물은 용감하게 대답했어요.

"내가 빨리 달리지 않아도 여우는 나를 잡아먹지 못해. 얼마 전에도 여우는 나를 못 잡아먹었어. 내가 달아나지 않았는데도 말이야."

작은 동물의 놀라운 이야기를 듣고 토끼가 물었습니다.

"그래? 여우는 몸집이 작은 동물을 잡아먹지 못하는구나. 네 이름은 뭐니?"

"내 이름은 고슴도치야."

고슴도치의 자신만만한 이야기를 들으니 토끼는 더 이상 여우가 두렵지 않았습니다.

왜냐하면 토끼는 고슴도치보다도 덩치가 더 컸으니까요.

게다가 필요하다면 느린 고슴도치보다 빨리 달릴 수도 있었죠.

토끼는 또 다른 동물을 만났습니다.

그 동물 역시 토끼만큼 작았어요.

"안녕, 반가워."

그 동물이 인사를 했습니다.

토끼도 같이 인사를 하고 이야기를 나누었어요.

"안녕, 반가워. 너도 몸집이 작구나. 너는 여우를 만나면 빨리 달아날 수 있니?"

"여우? 나는 빨리 달리지 못해. 하지만 여우가 두렵지 않아."

토끼는 이 동물에게서도 같은 이야기를 듣자 흥미가 돋았습니다.

"너도 여우를 만난 적이 있어?"

PART 3. 논리적 사고를 위해 필요한 건 뭘까?

"그럼. 여우는 한 번도 우리를 잡아먹지 못했어. 오히려 여우가 달아나곤 했지."

그러자 궁금해진 토끼가 동물의 이름을 물었습니다.

"그래? 네 이름은 뭐니?"

"내 이름은 스컹크야."

스컹크와 헤어진 토끼는 자신감이 더 커졌습니다.

자신보다 몸집도 작고 느린 동물을 둘이나 만난 것입니다.

여우는 그런 작은 동물들을 잡아먹지 못했어요.

토끼는 이제 자신감 넘치는 목소리로 말하며 웃었어요.

"내가 잘못 알고 있었군. 여우는 나보다 작은 동물조차 잡아먹지 못해. 앞으로는 여우가 쫓아와도 빨리 달아날 필요가 없겠네. 이제는 맘 편히 풀을 뜯으면서 살 수 있겠어."

토끼는 그 후에 어떻게 되었을까요?

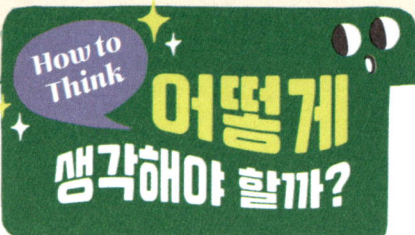

토끼는 잘못된 자신감에 사로잡혀 있습니다. 어떤 생각이 잘못된 것일까요?
토끼의 생각을 써 보면 이렇게 됩니다.

> 현안 : 여우가 토끼인 나를 잡아먹을까?
> 주장 : 여우는 나를 잡아먹지 못할 거야.
> 근거 : 여우가 나보다도 작은 동물을 잡아먹지 못했으니까.

이 생각은 합리적인 부분이 있습니다.
주장과 근거만 떼서 생각하면 그럴듯하니까요.
하지만 이 생각이 옳기 위해서는 '나보다 작은 동물들'에 대해 좀 더 자세히 생각해 볼 필요가 있어요. 만약 토끼보다 작은 동물이 생쥐였다면 토끼의 추리는 옳아요. 생쥐를 잡아먹지 못하는 여우는 토끼도 잡아먹지 못할 거예요. 하지만 고슴도치와 스컹크는 생쥐나 토끼와는 조금 달라요.
고슴도치는 온몸에 뾰족한 가시가 돋아있습니다.
스컹크는 매우 지독한 악취를 풍겨서 자신을 위협하는 동물을 쫓을 수 있습니다.
그런데 토끼는 가시도 없고 지독한 악취를 만들어 낼 수도 없습니다.
이런 중요한 점을 토끼는 생각하지 못한 거죠.

토끼와 같은 실수를 저지르지 않으려면 자세하게 따져봐야 합니다. 토끼는 고슴도치와 스컹크가 어떻게 여우를 물리쳤는지 더 자세히 알아봐야 해요. 이처럼 현안과 관련된 사실을 자세히 따져보는 것을 '생각의 깊이'라고 한답니다. 생각의 깊이를 보충

한다면 다음과 같이 됩니다.

- 현안 : 여우가 토끼인 나를 잡아먹을까?
- 주장 : 여우는 나를 잡아먹지 못할 거야.
- 근거 : 여우가 나보다도 작지만 가시가 많은 고슴도치와 강렬한 악취를 풍기는 스컹크도 잡아먹지 못했으니까.

이렇게 생각의 깊이를 보충하면 주장을 뒷받침할 근거가 부족하다는 것을 알 수 있지요.

충분히 깊이 있게 생각해야만 잘못된 판단을 막을 수 있어요.

깊이 있게 생각하지 못한 토끼는 그 후에 어떻게 되었을까요?

깊이 있는 사고를 하기 위해서는 자신의 생각 바깥으로 나가야 합니다.
자신의 지금 생각은 현안, 주장, 근거로 정리할 수 있어요.
그렇게 글이라는 '거울'에 비춘 생각이 매우 그럴듯하게 보일 때도 많아요.
그런데 논리적 사고력을 크게 키우기 위해서는 생각의 각 부분을 상세히 조사해야 합니다. 생각의 내용을 조사하는 것은 '많이 알아보는 것'이에요.
그림으로 설명한다면 다음과 같아요.

깊이 있는 사고를 하기 위해서는 자세히 알아야 합니다. 이를 위해서는 생각의 내용을 부지런히 조사해야 해요.
여우가 고슴도치를 잡아먹지 못했다는 것을 알았다면, 그 다음에 고슴도치를 오랫동안 관찰해 보아야 합니다. 그래야 깊이 있게 사고할 수 있어요.
이것은 마치 생각의 각 부분을 돋보기로 크게 확대해서 보는 것과 같습니다.

폭넓은 생각
오히려 넘어지길 잘했어

"한 번 구르면 삼 년을 산다니,
열 번을 구르면 삼십 년은 살겠구먼!
더 많이 구르면 더 오래 살 수 있으니,
열심히 굴러야겠구나, 허허허!"

옛날 어느 마을에 '삼 년 고개'라 불리는 언덕길이 있었습니다.

그곳에서 넘어지면 앞으로 삼 년밖에 못 산다는 무서운 전설이 있었답니다.

그래서 고개를 넘을 때마다 사람들은 넘어지지 않으려고 엉금엉금 조심스럽게 걸었습니다.

어느 날이었어요.

백발이 듬성듬성한 꼬부랑 할아버지가 조심스레 삼 년 고개를 넘고 있었어요.

그런데 숲속에서 갑자기 부스럭거리는 소리가 들렸습니다.

"뭐야? 늑대 같은 산짐승인가?"

할아버지는 소리 나는 곳을 돌아보았어요.

그 때문에 발 앞의 돌부리를 못 보고 넘어져서 데굴데굴 구르고 말았죠.

다행히 크게 다치지는 않았어요.

하지만 할아버지는 목놓아 울기 시작했습니다.

"아이고~. 이제 나는 앞으로 삼 년밖에 못 살게 되었구나. 이를 어찌할꼬~~."

너무나 걱정이 되고 두려운 나머지 할아버지는 몸져눕고 말았어요.

다 죽어가는 목소리로 할머니에게 유언까지 남겼습니다.

"여보, 할멈~ 나는 이제 삼 년밖에 못 살고 먼저 죽게 되었소."

할머니는 할아버지를 위해서 동네 의원에게 진료를 부탁했습니다.

마을에서 용하기로 소문난 최 의원이 할아버지를 살펴보았지만, 병이 될 만한 부분을 전혀 발견할 수 없었어요.

"글쎄요…, 아무리 진단해 봐도 어르신이 아프신 이유를 모르겠습니다. 죄송합니다."

아플 이유가 없다니, 그 말을 듣고 힘이 날 수도 있었어요.

하지만 할아버지는 최 의원의 말에 오히려 더욱 낙담했습니다.

"용하다는 최 의원도 모르는 무서운 병이라니, 나는 정말 죽겠구나!"

다음 날 어린 손자가 할아버지를 보러 왔습니다.

며칠 전까지만 해도 건강하시던 할아버지가 갑자기 쓰러져 누워있다는 소식을 들은 거죠.

"할아버지, 어쩌다 큰 병이 나신 거예요?"

손자가 묻자 할아버지가 힘없는 표정으로 대답했습니다.

"그저께 삼 년 고개에서 구르고 말았단다. 삼 년 고개에서 한 번 넘어지면 삼 년밖에 못 살잖니. 그때부터 이렇게 시름시름 앓고 있단다."

초딩 인생 처음 논리

그러자 손자가 영리한 두 눈을 빛내며 말했어요.

"한 번 넘어지면 삼 년밖에 못 사신다고요? 그럼 두 번 넘어지면 육 년을 사시겠네요. 그리고 세 번 넘어지면 구 년을 사실 테고…."

손자의 그 말에 할아버지는 정신이 퍼뜩 들었습니다.

"맞아! 그렇게 하면 얼마든지 더 살 수 있겠어!"

할아버지는 자리에서 벌떡 일어나 삼 년 고개로 달려갔답니다.

그러고는 신나게 구르면서 숫자를 세기 시작했어요.

"한 번 구르면 삼 년을 산다니, 열 번을 구르면 삼십 년은 살겠구먼! 더 많이 구르면 더 오래 살 수 있으니, 열심히 굴러야겠구나, 허허허!"

그 소문이 퍼지자 마을 사람들까지 모두 몰려왔어요.

그러고는 오래 살기 위해 저마다 삼 년 고개에서 구르기 시작했습니다.

그렇게 길바닥에서 구르고 일어서기를 반복하니 할아버지는 체력이 좋아졌어요.

그래서 오래오래 건강하게 사셨대요.

어떻게 생각해야 할까?

삼 년 고개 이야기는 어떤 교훈을 줄까요?
그것은 우리가 폭넓은 사고를 해야 한다는 거예요.
그렇다면 폭넓은 사고란 무엇일까요?

삼 년 고개에서 넘어져 고민하던 할아버지는 다음과 같이 생각했습니다.

- 현안 : 나는 언제 죽는가?
- 주장 : 나는 3년 후에 죽는다.
- 근거 : 왜냐하면 삼 년 고개에서 한번 넘어지면 3년밖에 못 살기 때문이다. 그리고 나는 삼 년 고개에서 한 번 넘어졌다.

여기서 '삼 년 고개에서 한 번 넘어졌을 때 3년을 산다'는 말은 두 가지로 생각해 볼 수 있습니다.

1 : 삼 년 고개에서 한 번 넘어지면 3년 밖에 못 산다.
2 : 삼 년 고개에서 한 번 넘어질 때마다 3년은 반드시 살 수 있다.

할아버지는 1에 해당하는 생각만 한 것입니다. 하지만 이것은 한쪽으로 치우친 생각입니다.
용하다는 최 의원도 아무 문제를 찾을 수 없을 만큼 할아버지는 건강했어요. 하지만 할아버지는 최 의원조차 알 수 없는 위중한 병에 걸렸다고 생각했습니다. 그러고는 자신이 곧 죽을 거라는 생각에 몸져 누웠던 거죠.
이렇게 한쪽으로 치우친 생각을 '#편협한 생각'이라고 합니다.

중요한 생각을 할 때는 다르게 생각해 볼 수 있어야 해요.
영리한 손자는 여러 측면에서 생각했습니다.
1뿐만 아니라 2도 같이 생각한 것이지요. 그래서 '두 번 넘어지면 육 년을 산다'라는 생각을 한 것입니다.
이것이 폭넓은 사고입니다. 폭넓은 사고는 창의적인 사고와 쉽게 연결됩니다.

미리 말하지만, 폭넓은 사고력으로 여러 측면을 생각한다고 해서 언제나 좋은 결과를 얻을 수 있는 것은 아니에요. 어떤 경우에는 남다른 생각을 해 본 것으로 끝나기도 한답니다.
하지만 뭐 어때요, 그냥 생각만 해 보는 거잖아요.
하나의 생각에서 벗어나서 다른 방식으로도 생각해 보세요.

#편협
생각하는 것이 좁고
한쪽으로 치우침

폭넓은 생각을 한다는 것은 현안 문제와 관련이 있습니다.
앞에서 현안과 무관한 내용을 주장이나 근거에 끌어들이면 안 된다고 설명했어요.
하지만 그러다 보면 자신이 관심 있는 것 하나에만 매달리는 실수를 할 수 있죠.
그래서 현안, 주장, 근거를 정해 놓은 후에 그 밖의 것들을 살펴봐야 해요.
현안, 주장, 근거 주변을 살펴보는 것과 비슷합니다. 그림으로 설명하면 다음과 같습니다.

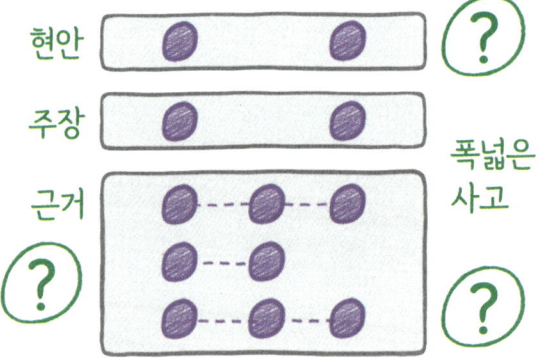

현안, 주장, 근거에서 빠져있는 것들에 대해서도 생각해 봐야 해요. 그리고는 관련이 있는 것을 찾으면 현안, 주장, 근거를 고쳐야 합니다.
예를 들어 장난감을 고를 때를 생각해 봐요.

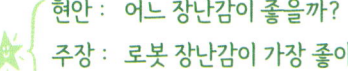
현안 : 어느 장난감이 좋을까?
주장 : 로봇 장난감이 가장 좋아.
근거 : 왜냐하면 로봇 장난감에 재미있는 기능이 많기 때문이야.

이렇게 생각을 한번 정리한 후에 다시 살펴보는 겁니다.

★ 기능이 많긴 한데 가격이 너무 비싸.
★ 기능이 많긴 한데 모양이 예쁘지는 않아.

그리고는 다음과 같이 고칠 수 있어요.

현안 : 어느 장난감이 좋을까?
주장 : 인형 장난감이 가장 좋아.
근거 : 왜냐하면 기능이 많은 로봇 장난감에 비해서 인형 장난감이 가격도 저렴하고 모양이 예뻐서 오래 가지고 놀 것이기 때문이야.

이렇게 논리적 사고의 내용이 점점 더 성장할 수 있답니다.

PART 3. 논리적 사고를 위해 필요한 건 뭘까?

PART 4
논리적 사고로 더 깊고 넓게 생각해 볼까?

우리는 지금까지 논리적 사고가 무엇으로 구성되는지 알아보았습니다.
그것은 현안, 주장, 근거입니다.
또 우리는 그 내용들이 어떠해야 논리적으로 올바른 사고인지 알아보았습니다.
먼저 귀납과 연역의 방법을 따라 생각해야 해요. 그리고 생각의 각 부분들이 다음의 측면에서 좋아야 한다는 것입니다.

분명성, 타당성, 진리성, 유관성, 생각의 깊이, 생각의 폭

지금까지 배운 내용이 간단해 보일 수 있어요. 하지만 여기까지의 내용을 자신의 생각에 잘 적용하는 것은 어렵습니다.
여러분이 어려운 내용을 공부하고 새로운 내용을 더 많이 알게 된 후 더욱 그래요.
'비가 오면 우산이 필요해'라는 생각과 '티라노사우르스가 나타나면 호랑이도 먹잇감이 될 거야'라는 생각은 같은 논리지만, 내용이 복잡해서 어렵게 보일 수 있어요.
똑같이 단순한 논리일지라도 매우 복잡한 과학적 생각에 적용하면 더욱 어렵답니다.
이렇게 논리학을 활용하는 것이 어렵고 이것이 지금 꼭 필요한 일은 아니지만 여기서는 조금 더 논리적 사고에 대한 지식을 설명하겠어요. 지금 당장 이것을 잘 활용하지 못하더라도 천천히 우리의 사고력에 스며들 테니까요.

정보
그림자를 보고 놀란 곰탱이

"밤탱아, 큰일 났어! 우리 숲에 엄청나게 큰 동물이 세 마리나 나타났어. 어쩌면 우리를 잡아먹을지도 몰라!"

곰탱이는 덩치가 크고 힘이 센 곰이었습니다.

하지만 항상 허둥지둥하는 단점이 있었어요.

그래서 친구들과 놀다가 장난감을 잃어버리고 자주 실수를 하기도 했답니다.

어느 날 저녁, 곰탱이는 혼자서 친구 곰 밤탱이를 만나러 가고 있었습니다.

그때 숲속에서 부스럭거리는 소리가 들렸어요.

커다란 바위 뒤에는 늑대 세 마리가 있었어요. 늑대들은 자기보다 덩치 큰 곰탱이가

지나가자 잔뜩 겁을 먹었어요.

그래서 재빨리 바위 뒤에 몸을 숨겼지요.

그런데 때마침 저녁 하늘에 지고 있는 햇빛이 늑대의 그림자를 매우 크게 만들었어요.

"아니, 이것은? 엄청나게 큰 동물의 그림자잖아!"

곰탱이는 큰 그림자에 소스라치게 놀라며 외쳤어요.

덩치 큰 곰탱이의 목소리에 늑대들은 오히려 더 겁을 집어먹고 꼼짝도 못 했습니다.

하지만 놀란 곰탱이는 바위 뒤를 보려고 한 발짝 더 내디뎠어요.

그러자 늑대 세 마리는 놀라서 소리를 지르며 재빨리 달아나 버렸지요.

"앗, 어마어마하게 큰 동물이 세 마리나 있었어!"

곰탱이는 땅바닥에 비친 늑대 세 마리의 커다란 그림자를 보았답니다.

"어떤 동물인지 몰라도 나보다 훨씬 더 큰 동물이 세 마리나 있다니! 큰일 날 뻔 했네. 밤탱이에게 빨리 위험하다고 알려줘야겠어."

곰탱이는 부리나케 친구 밤탱이에게 달려갔습니다.

"밤탱아, 큰일 났어! 우리 숲에 엄청나게 큰 동물이 세 마리나 나타났어. 어쩌면 우리를 잡아먹을지도 몰라!"

이 말을 들은 밤탱이는 어리둥절했습니다.

"이 숲속에선 우리 곰들이 가장 커. 우리보다 더 큰 동물은 없다고."

곰탱이는 허둥지둥 대며 말했어요.

"아니야. 내가 여기로 오면서 봤어. 두 눈으로 똑똑히 봤단 말이야!"

"정말이야? 그렇다면 정말 큰일이잖아."

곰탱이와 밤탱이는 이 사실을 어른들에게도 알려야 한다고 생각했습니다.

두 친구는 일단 밤탱이의 부모님께 달려갔어요.

"아빠, 엄마, 우리 숲에 엄청나게 큰 동물들이 나타났대요."

"그것도 세 마리씩이나요."

친구 밤탱이가 엄마 아빠 곰에게 소리쳤어요.

PART 4. 논리적 사고로 더 깊고 넓게 생각해 볼까?

"엄청나게 큰 동물들이 우리 숲에? 그럴 리가 없는데…."

"아니, 도대체 얼마나 큰 동물이길래 그래?"

그러자 곰탱이가 다급한 목소리로 말했어요.

"제가 밤탱이를 만나러 오는 길에 직접 봤어요. 땅바닥에 늘어진 그 큰 동물들의 그림자를요! 저보다도 훨씬 큰 그림자였어요."

그 말에 밤탱이네 가족들이 모두 물었습니다.

"그림자? 네가 본 것이 그림자였어? 커다란 동물이 아니고?"

순간, 곰탱이의 목소리가 조그맣게 변했어요.

"네…."

이후에 곰탱이는 밤탱이에게서 어떤 말을 들었을까요?

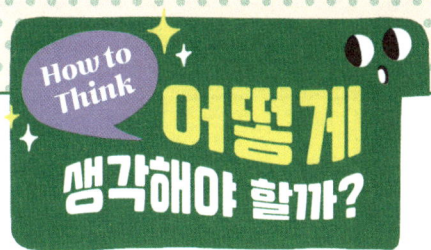

곰탱이는 착한 곰이랍니다. 자신이 본 것을 친구에게 숨김없이 말했지요. 그리고 위험한 일이 생길지도 모른다는 사실도 친구 밤탱이에게 즉시 말했어요. 하지만 곰탱이의 생각에는 실수가 있었답니다. 곰탱이의 생각을 들여다봅시다.

현안 : 숲속의 곰에게 문제는 없는가?
주장 : 숲속의 곰에게 위험이 닥쳤다.
근거 : 왜냐하면 곰보다도 더 큰 동물이 세 마리나 나타났기 때문이다. 이것은 땅에 생긴 커다란 그림자를 보면 알 수 있다.

곰탱이의 근거에서 옳은 주장이 나올 수 있을까요?
정말 곰보다 커다란 동물들이 나타났다면 곰탱이가 주장한 대로 위험을 걱정해야 합니다. 그런데 곰탱이는 '곰보다 커다란 동물들이 나타났다'는 것을 어떻게 알았나요? 이것은 허둥대던 곰탱이가 그림자만 보고 상상한 것입니다. 직접 두 눈으로 커다란 동물을 본 것이 아니지요.
곰탱이가 보고 들은 것은 땅바닥에 비친 커다란 그림자뿐이었어요.

이와 같이 직접 보고 들은 구체적인 내용을 '정보'라고 한답니다. 곰탱이는 '정보'와 자신의 '상상'을 구분하지 못했어요.
우리가 어떤 결정을 할 때는 직접 보고 들은 정보에 근거해서 판단해야 합니다. 곰탱이처럼 '커다란 그림자'만 보고 '커다란 동물'을 봤다고 착각한다면 실수를 하게 돼요. 정보와 상상을 구분해서 생각해야 옳은 판단을 할 수 있어요.

다음 생각은 파스텔이라는 외계인이 자기 자신의 우주에 대해서 쓴 글입니다. 이 글 속에서 밑줄 친 부분들은 정보일까요, 추측일까요?

우리 행성에서 빛의 속도로 10년 동안 여행하면 도달할 수 있는 곳에 다른 종족들이 살고 있어요. 우리는 아직 그들을 만나지 못했지만 그들도 우리와 의사소통을 하고 있어요. ①우리가 "여보세요"라는 신호를 보냈더니 그들의 방식대로 대답을 했어요. 우리가 여러 행성에 신호를 보냈는데 그 행성에서만 우리와 같은 주파수의 신호가 되돌아왔기 때문에 이것을 알 수 있어요. 뿐만 아니라 ②그 행성은 파스텔 색을 띠고 있어요. 그 행성과 우리 행성이 똑같은 기후를 가지고 있다는 뜻이에요. 우리는 곧 새로운 우주의 친구를 만날 꿈에 부풀어 있답니다.

답 : ①은 추측 ②는 정보

①은 추측입니다. 앞뒤 내용을 보면 실제로 일어난 일은, 같은 주파수의 신호가 왔다는 것입니다. 이것은 정보이고, 다른 행성의 종족이 그들의 방식대로 대답했기 때문이라고 추측하는 근거가 되고 있습니다. 이것의 진실성은 확인해 봐야 하지요. ②는 보이는 그대로의 사실을 말하고 있으므로, 정보에 해당합니다.

함축
토끼 친구 거북이

"토끼인 나랑 친구가 되어 같이 놀고 싶다며?
어떻게 뛰어다니지도 않고 토끼랑 친구가 될 수 있다고 생각했니?"

꼬북이라는 거북이는 친구가 많아요.

육지 친구 표범무늬거북은 등껍질에 멋진 무늬를 가졌고, 미국에 사는 악어거북은 영화에 나오는 드래곤처럼 뾰족뾰족한 등껍질을 가진 친구였답니다.

꼬북이는 이렇게 멋진 친구들이 자랑스러웠어요.

"또 다른 세상에 사는 멋진 친구들도 사귀어 보고 싶어."

이런 꿈을 가진 꼬북이는 바람처럼 재빨리 달리는 동물을 발견했어요.

바로 토끼들 중에서도 달리기가 제일 빠른 깡총이였죠.

"우와~! 저렇게 날쌘 동물이 있다니, 저런 동물과 친구가 되면 정말 멋질거야."

그래서 꼬북이는 깡총이에게 다가가서 말했어요.

깡총이가 풀을 뜯어 먹느라고 잠시 멈췄을 때였어요.

"안녕, 난 꼬북이야. 너처럼 빨리 달리는 동물과 친구가 되고 싶어."

깡총이는 꼬북이를 보고서는 신비한 빨간 눈으로 웃어주었어요.

"꼬북이라고? 나는 토끼 깡총이야. 너는 참 다르게 생겼구나."

깡총이는 꼬북이를 단번에 친구로 받아줬어요.

"네가 토끼구나! 나도 토끼와 친구가 되어 놀고 싶었어."

꼬북이가 기뻐서 외치자 깡총이도 웃으며 대답했죠.

PART 4. 논리적 사고로 더 깊고 넓게 생각해 볼까?

"그래. 나도 네가 마음에 들어. 같이 놀자."

깡총이는 그렇게 말하고는 폴짝폴짝 뛰어서 순식간에 저 멀리 가 버렸어요.

"잠깐만~! 같이 가~!"

꼬북이는 깡총이 뒤를 따라서 엉금엉금 기어갔어요.

그런데 깡총이는 다시 뛰어서 이리저리 달아났어요.

꼬북이가 깡총이가 있던 곳의 절반에도 이르기 전이었어요.

"꼬북아, 빨리 좀 뛰어와. 아까부터 계속 널 기다리고 있잖아."

그 말을 들은 꼬북이는 화가 나고 말았어요.

둘 사이가 벌어진 건 자신이 엉금엉금 기어가는 동안 깡총이가 너무 빨리 뛰어갔기 때문이었으니까요.

"깡총이 넌 친구를 전혀 기다려 주지 않고 항상 먼저 뛰어가 버리는구나. 넌 친구도 아니야!"

그러자 깡총이가 폴짝폴짝 뛰어와서 꼬북이에게 말했어요.

"토끼인 나랑 친구가 되어 같이 놀고 싶다며? 어떻게 뛰어다니지도 않고 토끼랑 친구가 될 수 있다고 생각했니?"

깡총이는 그 말을 남기고서는 뒤도 돌아보지 않고 가버렸답니다.

어떻게 생각해야 할까?

서로가 마음에 들어서 친구가 된 꼬북이와 깡총이. 하지만 같이 놀자마자 서로에게 화를 내게 되었죠. 누구 생각이 잘못된 것일까요?
'토끼랑 같이 놀고 싶다'라고 생각한 꼬북이가 잘못 생각한 거에요.
꼬북이의 생각을 정리해 봅시다.

현안 : 토끼랑 같이 놀고 싶은데 깡총이와 왜 놀 수 없나?
주장 : 깡총이라는 토끼는 나쁜 친구다.
근거 : 왜냐하면 깡총이는 너무 빨리 뛰어다니기 때문이다.

이 생각이 잘못인 이유는 무엇일까요?

현안을 봅시다.
거기에는 '토끼와 같이 놀고 싶다'는 생각이 있어요. 토끼의 날쌘 모습을 보고 친구가 되고 싶다고 생각했으니까요. 그러니 같이 놀고 싶다는 생각에는 토끼처럼 뛰어다닌다는 뜻이 들어 있어요. 이렇게 하나의 생각이 다른 생각에 이미 포함된 경우가 많아요.
이것을 '함축'이라고 한답니다.

가 : 토끼랑 같이 놀고 싶다.
나 : 토끼처럼 재빠르게 뛰어다닌다.

'가' 생각이 '나' 생각을 함축하는 거예요. 이렇게 보면 꼬북이의 생각은 앞뒤가 맞지 않았던 거지요. 꼬북이가 자신의 생각에 함축된 내용을 알아채지 못했기 때문이에요.

이와 같은 함축 관계는 다른 생각에서도 찾아볼 수 있어요.

　　　가 : 철수는 영희의 오빠다.
　　　나 : 철수는 영희보다 나이가 많다.

여기서도 '가'의 생각이 '나'의 생각을 함축하죠. 오빠라면 당연히 나이가 더 많을 테니까요.

이런 함축 관계를 잘 모른다면 꼬북이처럼 낭패를 볼 수 있어요. 처음에 했던 생각과 다른 일이 벌어질 수도 있는 거죠. 그러면 자신이 진짜 어떤 생각을 했는지, 정말 원하는 게 무엇이었는지 놓칠 수 있어요.

사고력을 키워서 생각의 힘이 강해지려면 이런 함축 관계를 잘 파악해야 합니다.

너구리가 맛있는 사과 하나를 남 몰래 자신의 굴에 숨겨 놓았어요. 그런데 어느 날 그 사과가 사라졌어요. 누군가가 먹은 것이죠. 화가 난 너구리가 친구들에게 물어보았더니 오소리가 말했어요. "내가 너구리 너의 굴에 여우가 들어가는 것을 봤어." 오소리의 말은 여우가 너구리의 사과를 훔쳐먹었다는 것을 함축할까요. 그렇지 않을까요?

답 : 함축하지 않습니다.
물론 여우가 먹었을지도 모르죠. 하지만 여우가 너구리 굴에 들어갔다고 하더라도 사과를 먹지 않았을 수도 있어요. 확실하지 않아요. 이럴 때는 '함축한다'라고 하지 않는답니다.

친구인 곰탱이, 밤탱이가 산 속에서 놀다가 산신령님을 만났습니다. 산신령님은 두 친구에게 말했어요. "너희들 두 명 중 한 명은 내일 매우 맛있는 먹이를 찾게 될 것이다." 하지만 다음 날 곰탱이는 먹이를 하나도 얻지 못했습니다. 그렇다면 산신령님의 말은 밤탱이가 무언가 먹이를 찾았다는 것을 함축할까요. 그렇지 않을까요?

답 : 함축합니다.
산신령님의 말이 옳다면, 둘 중 누군가가 먹이를 찾아야 합니다. 곰탱이가 아니라면 밤탱이가 그 중인공이겠죠. 다른 가능성이 없습니다. 그러니 곰탱이가 아니라는 것이 드러난 경우에는 산신령님의 말은 밤탱이가 먹이를 찾았다는 것을 함축합니다.

PART 4. 논리적 사고로 더 깊고 넓게 생각해 볼까?

전제
친구를 살린 지혜

"아니, 쟤는 어쩌자고 물독에 들어간 거야?"
"지금 중요한 건 그게 아니야. 얼른 물독에서 구해줘야 한다고!"

중국의 북송 시대에 있었던 일입니다.

사마광이란 아이가 친구 4명과 함께 동네에서 놀고 있었어요.

"우리 오늘은 무슨 놀이를 해볼까?"

"어제는 잡기 놀이를 했으니 오늘은 숨바꼭질을 해보자."

사마광과 친구들은 오랜만에 숨바꼭질을 하기로 했어요.

가위바위보로 술래를 정했는데, 사마광이 술래가 되었어요.

"꼭꼭 숨어라, 머리카락 보인다~."

사마광은 담벼락 옆의 느티나무에 이마를 대고는 눈을 감은 채 크게 소리쳤지요.

친구들은 각자 자기만의 장소를 찾아서 숨었어요.

"자, 이제 찾는다~~!"

사마광이 크게 소리치고는 느티나무에서 돌아섰어요.

주위를 둘러보니 친구들은 아무도 보이지 않았죠.

사마광은 친구들을 찾기 위해서 조심스럽게 여기저기를 살폈습니다.

멀리 보이는 골목 담벼락, 왼쪽에 보이는 수풀 속, 오른쪽에 보이는 큰 물독 같은 곳에 친구들이 숨어있을 것 같았어요.

사마광은 먼저 왼쪽에 보이는 수풀 속을 찾아보기로 하고 걸음을 내디뎠어요.

그때, 첨벙! 하는 소리와 함께 한 친구가 다급한 목소리로 외쳤어요.

"으악, 살려줘~~~!! 어푸, 어푸!"

소리가 나는 곳은 큰 물독이 있는 곳이었어요.

곧이어 다른 친구의 고함소리도 들렸지요.

"친구가 물독에 빠졌어! 다들 어서 와 봐!"

한 친구가 큰 물독 안에 물이 가득 찬 줄도 모르고 물독 안에 숨으려다가 빠져버렸던 거죠. 친구들이 깜짝 놀라 물독을 향해 달려갔어요.

물독은 사마광과 친구들의 키만큼이나 높고 깊었어요.

"어푸, 어푸! 제발 살려줘, 숨을 못 쉬겠어!"

물독에서 친구의 다급한 목소리가 들려왔어요.

하지만 사마광과 친구들은 물독 속으로 손을 뻗는 것조차 힘들었지요.

"아니, 쟤는 어쩌자고 물독에 들어간 거야?"

"지금 중요한 건 그게 아니야. 얼른 물독에서 구해줘야 한다고!"

"하지만 물독이 너무 높고 깊어서 손이 닿지도 않는걸."

물독은 너무나 커서 몸집이 작은 아이들은 물독 안으로 손을 뻗을 수도 없었어요.

"나뭇가지라도 찾아서 던져볼까?"

PART 4. 논리적 사고로 더 깊고 넓게 생각해 볼까?

"아니야, 나뭇가지를 찾을 동안 물에 빠져 죽을지도 몰라."
친구가 물속에서 허우적대는 시간이 점점 길어졌어요.
사마광의 친구들은 어쩔 줄 몰라 발을 동동 굴렀죠.

그때였어요. 사마광이 옆에 있던 큰 돌멩이를 집어 들고는 물독을 향해 힘껏 던졌어요.
쨍그랑!
돌멩이를 정통으로 맞은 물독이 와장창 깨지면서 물이 바깥으로 쏟아져 나왔어요.
"아이쿠!"
물독에 빠졌던 친구도 물과 함께 바닥으로 나왔습니다.
사마광의 지혜로 친구는 목숨을 건지게 된 거죠.
어릴 때부터 이처럼 똑똑했던 사마광은 나중에 훌륭한 정치가로 자라나 큰 활약을 했고, 역사서 〈자치통감〉을 저술하여 이름을 남겼답니다.

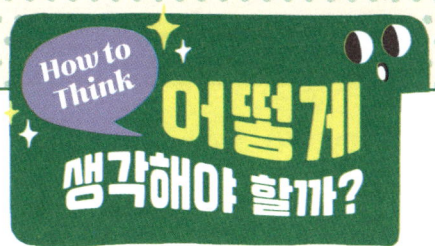

친구의 목숨을 구한 사마광의 행동은 전혀 어려운 일이 아니었습니다. 옆에 있는 돌멩이를 집어 들고 물독을 깨는 건 다른 친구들도 얼마든지 할 수 있으니까요. 하지만 사마광 말고는 누구도 그런 생각을 하지 못했습니다.

다른 친구들은 왜 물독을 깨뜨릴 생각을 못 했을까요?

친구들의 생각을 정리해 봅시다.

- 현안 : 친구를 어떻게 구할 수 있을까?
- 주장 : 구할 수가 없다.
- 근거 : 왜냐하면 물독이 매우 크고 높기 때문이다.

친구들은 왜 구할 수 없다고 생각했을까요?

물독을 깨면 안 된다고 생각했기 때문입니다.

하지만 사마광은 다음과 같이 생각했습니다.

- 현안 : 친구를 어떻게 구할 수 있을까?
- 주장 : 물독을 깨서 구할 수 있다.
- 근거 : 왜냐하면 물독이 매우 크고 높지만 쉽게 깨지기 때문이다.

사마광은 어떻게 물독을 깨면 된다는 생각을 해냈을까요?

일반적인 상황에서는 물독을 깨면 안 됩니다. 물을 담아두기 위해서 만든 물독은 누군가의 소중한 재산입니다. 그러니까 물독을 깬다는 건 다른 사람의 재산을 함부로

망가뜨린다는 거죠.
남에게 해를 끼치는 행동이므로 해서는 안 되는 일입니다. 그래서 사람들은 이것을 당연하게 생각합니다. 이런 생각을 '#전제'라고 합니다.

전제는 생각하는 습관에 따라 만들어집니다.
중요한 생각들이 습관이 되고 나면 그 전제를 벗어나는 건 쉽지 않아요. 하지만 대부분의 전제가 항상 옳기만 한 것은 아니랍니다. 경우에 따라서 달라질 수 있어요. 물독을 깨면 안 된다는 전제가 사람의 생명을 구하는 일 앞에서는 옳지 않은 게 됩니다. 사람의 생명보다 소중한 건 없으니까요. 하지만 대부분의 사람들은 생각의 습관에 사로잡혀 있기 때문에 사마광처럼 유연하게 생각하지 못하곤 해요. 사마광만이 습관적인 전제에서 벗어나서 유연하게 생각했고 그 덕분에 친구를 무사히 구했습니다.

평소에 자신의 생각을 논리적으로 들여다보는 연습을 해야만 해요.
경험에서 우러나온 전제는 물론 중요해요. 하지만 상황에 따라 사고방식을 바꾸는 유연한 생각도 꼭 필요하지요. 어떤 일이 벌어지느냐에 따라 옳다고 믿던 전제도 틀린 것이 될 수 있거든요.
그러려면 평소에 자신의 생각을 논리적으로 들여다보고 여러 측면에서 생각해보는 습관이 필요하답니다.

#전제
어떠한 사물이나 현상을 이루기 위하여 먼저 내세우는 것

1969년 미국의 항공우주국에서 우주비행사를 달에 보내려던 때에 있었던 일이에요. 우주선에서 볼펜을 사용할 수 없음을 알게 되었어요.
왜냐고요? 볼펜 안에는 볼펜심이 있고 거기에는 잉크가 들어 있습니다. 이 잉크가 밑으로 내려와야 글씨를 쓸 수 있어요. 지구 위에서는 모든 물체를 끌어당기는 중력이 이 잉크도 밑으로 내려오게 한답니다. 하지만 우주에서는 중력이 없어요. 그래서 잉크가 차 있어도 밑으로 내려오지 않아서 글씨를 못 쓰는 거죠.

이 문제를 해결하기 위해서 미국 항공우주국은 10년 동안 120만 달러의 막대한 비용을 들여 우주뿐만 아니라, 물 속 어느 장소에서나 쓸 수 있는 볼펜을 개발해 냈답니다.

그러나 러시아의 우주비행사들은 볼펜 대신 그냥 연필을 쓴다고 합니다. 러시아의 과학자들은 미국 과학자들이 어떤 전제에 잘못 사로잡혀 괜한 수고를 했다고 생각했거든요. 그 잘못된 전제가 무엇이었을까요?

① 우주에는 연필을 가지고 갈 수 없다.
② 볼펜이 다른 필기구에 비해서 가장 좋은 필기구이다.
③ 우주에서도 볼펜을 써야만 한다.

답 : ③ 우주에서도 볼펜을 써야만 한다라는 전제에 잘못 사로잡혔습니다.

왜냐하면 대부분의 과학자들은 볼펜을 주로 쓰기 때문이지요. 습관에서 오는 **#암묵적**인 전제입니다. 미국 과학자들의 생각에서 **#맹점**은 볼펜 외의 다른 필기구에 대해서는 생각하지 않았다는 것입니다. 그래서 연필이나 붓과 같은 다른 필기구에 대한 생각은 전제에 들어갈 수 없었지요.
①과 ②가 전제가 되지 못하고, ③이 정답인 이유입니다.

#암묵적 자기의 의사를 밖으로 드러내지 않고 속으로만 생각함

#맹점 어떤 일에 주의를 기울이지 못해 모르고 지나친 잘못된 점

개념
진도가 하고 싶었던 말

"내가 영수를 위해 싸운 건,
영수가 내 가족이기 때문이야."

영수네 진돗개 진도에게 옆집의 반려견 도기가 말을 걸었어요.

"야, 너 어제 큰일 날 뻔했다며?"

"응, 아주 위험했어. 커다란 들개와 싸울 뻔했거든."

어제 진도가 영수랑 산책을 나갔을 때 생긴 일이었어요.

8살 영수는 언제나 진도와 신나게 뛰어놀곤 했습니다.

그런 영수 앞에 갑자기 들개가 나타난 것이었어요.

진도보다 훨씬 크고 사납게 생긴 개였어요.

"엄마! 무서워~~!"

영수는 허연 이를 드러내며 으르렁대는 들개를 보고 겁에 질려 비명을 질렀습니다.

그러자 진도는 자기도 모르게 들개의 앞을 가로막았지요.

덩치는 작았지만, 용맹하게 짖어대는 진도를 보자 들개는 멈칫했어요.

진도도 영수처럼 들개가 무척이나 두려웠답니다.

하지만 늘 자신과 같이 놀아주던 둘도 없는 친구 영수가 들개 때문에 다치는 것을 보고만 있을 수는 없었어요.

"아니, 저렇게 위험한 들개가 어린아이를 위협하다니!"

다행히 지나가던 어른들이 영수를 발견하고는 막대기로 들개를 쫓아냈어요.

하지만 들개가 사라진 뒤에도 진도는 걱정이 돼서 영수 주변에 한참을 머물렀습니다.

지금 옆집의 도기가 묻는 건 바로 그 사건이었어요.
"커다란 들개와 싸웠다면 너도 많이 다쳤을 텐데, 안 무서웠어?"
도기가 물었어요.
"당연히 무서웠지. 네 말처럼 나도 많이 다쳤을 거야."
그러자 도기가 갑자기 질문을 던졌어요.
"얼마 전 다른 아이도 들개를 만났잖아. 그때는 왜 들개를 안 막았니?"
"그 아이는 영수가 아니니까."
진도가 대답했습니다.
그러자 도기가 다시 물었어요.
"영수는 그 아이와 어떻게 다른데? 영수처럼 그 아이도 위험했잖아?"
"글쎄, 그건….'
진도는 도기의 그 질문에 금방 대답할 수 없었어요.

그러고는 한참 생각했습니다.
자신은 왜 영수를 위해서만 들개와 싸웠을까?

왜 다른 아이를 위해서는 싸우려 들지 않았던 걸까?

"영수는 평소에 나랑 같이 놀아주는 아이야. 그런데 다른 아이는 그렇지 않아. 그리고 영수는 나에게 맛있는 음식도 줘. 하지만 다른 아이는 그렇지 않아."

결국 도기에게 이렇게 대답했지만 진도는 자신의 대답이 썩 마음에 들지 않았어요.

같이 노는 것과 음식을 주는 것이 전부가 아니었기 때문이지요.

영수는 진도 자신에게 그보다 훨씬 특별한 아이였어요.

어떤 점에서 특별할까?

한참을 생각한 진도는 정말 자신이 말하고 싶었던 답을 찾았어요.

그러고는 도기에게 자신있게 말했지요.

"내가 영수를 위해 싸운 건, 영수가 내 가족이기 때문이야."

어떻게 생각해야 할까?
How to Think

도기와 대화를 하던 진도는 난감했어요. 도기가 진도도 잘 모르는 것을 물었기 때문이 아니에요. 그저 진도는 자신의 생각을 정확하게 전달하는 것이 어려웠어요.
왜 그랬을까요? 진도의 생각을 살펴봅시다.

- 현안 : 나는 왜 영수를 위해 들개와 싸웠는가?
- 주장 : 영수는 나와 친하기 때문이다.
- 근거 : 왜냐하면 영수는 나와 놀아주고, 음식도 주고, ……, 그런 아이니까.

이것이 진도의 생각이지요.
이 생각이 틀린 것은 아니었지요. 하지만 충분한 생각이라고 할 수는 없었어요.
왜일까요? 다른 아이가 아무리 영수처럼 진도와 같이 놀고 음식을 주더라도 그 아이가 영수와 같을 수는 없기 때문입니다.

진도는 한 단어를 생각하지 못했어요. '가족'이라는 말. '가족'이라는 말에는 많은 뜻이 들어있어요. 이런 말을 논리적으로는 '개념'이라고 부른답니다.
정확히 설명하자면, 개념이란 그 뜻이 구체적인 사물이 아니고 추상적인 의미를 가진 말이라 할 수 있어요.
예를 들어 '친구', '부자', '지혜' 등의 단어가 품고 있는 속뜻이 개념입니다. 그에 해당하는 것들을 여러 개 모을 수 있는 것은 엄밀한 의미에서 개념이에요.
여러분의 친구 중에는 여러 사람들이 있을 거예요. 하지만 동시에 그 한 사람만이 친구인 것은 아니죠. 또 '친구'라고 말할 때는 친하고 같이 논다는 등의 의미가 더 붙어 있습니다.
반대로 개념이 아닌 단어에는 '이 자동차', '내 단짝 은철' 등이 있습니다.
구체적으로 이것과 저것을 꼭 집어 말할 수 있는 단어는 모두 '개념'이라 할 수 없어요.

개념은 추상적인 생각이기 때문에 어떤 것을 가리켜 말할 수 없어요. 그래서 자신의 생각을 자신이 알면서도, 그에 맞는 개념을 찾지 못하면 말하기 어렵죠. '가족'이라는 개념을 금방 말하지 못했던 도기처럼 말이에요. 개념을 알았다면 다음과 같이 쉽게 자신의 생각을 말했을 거예요.

현안 : 나는 왜 영수를 위해 싸웠는가?
주장 : 영수는 내 가족이기 때문이다.
근거 : 누구나 가족은 서로 지켜줘야 하는 거야.

우리의 다른 생각도 이와 같아요. 실제로 우리 생각에는 간단한 생각조차도 개념들을 사용하고 있답니다.
"배가 고프니 음식을 주세요."라는 말에도 '음식'이라는 개념이 사용되고 있습니다.
'정의', '사랑', '행복' 등의 개념은 더 어려워요. 흔히 듣는 말이지만, 어디서부터 어디까지 그 개념의 뜻인지 정확히 말하기 어렵습니다. 진정한 행복이 무엇인지 말해 보려 한다면 쉽게 말할 수 없을 거예요.

책을 읽으면서 우리는 다양한 종류의 개념들을 배운답니다. 그리고 많은 개념으로 더 많은 생각을 이해하고 표현할 수 있어요. 왜냐하면 우리의 생각 대부분은 '개념'으로 이루어져 있기 때문이죠.

다음 대화를 보고 은철이가 생각하는 개념을 골라 보세요.

엄마 : 은철아, 너는 나중에 어떤 사람이 되고 싶어?
은철 : 나는 일을 잘 하는 사람이 되고 싶어요.
엄마 : 일? 어떤 일?
은철 : 어떤 일이든 많은 돈을 벌면서 새로운 일을 만들어내고 싶어요.
엄마 : 과학자가 되어 발명을 해도 돈을 많이 벌 수 있을 텐데.
은철 : 그것도 좋지만, 좀더 활동적이고 사람들도 많이 만나는 직업요.
엄마 : 그게 어떤 걸까? 아하! 너는 (   )가 되고 싶은 거구나!

①변호사 ②사업가 ③농부

답 : ②사업가
이 대화에서도 자신의 생각을 잘 알기 위해서 개념을 알고 활용해야 한다는 걸 볼 수 있어요.

목적
시험의 진짜 해답

"시험관이 짐 속에 있는 물건을 확인하라고 했지,
끈을 풀라는 말은 안 했잖아?"

PART 4. 논리적 사고로 더 깊고 넓게 생각해 볼까?

미국에 앤드류 카네기라는 사람이 있었습니다.

카네기는 철강 사업으로 큰돈을 벌어 부자가 되었고, 회사도 크게 성장했지요.

많은 사람들이 카네기의 철강 회사에 취업하려고 시험을 보았습니다.

피터도 그중 한 명이었어요.

그런데 피터는 사람들 사이에 떠도는 소문을 들었어요.

"카네기 철강 회사의 취업 시험에는 어려운 시험 과목이 있어."

이 말을 들은 피터는 몹시 궁금해졌습니다.

그래서 친구 잭에게 물어봤어요.

"어려운 시험 과목이 뭐야?"

"화물을 포장한 끈을 푸는 거야."

"끈을 푼다고?"

의아해진 피터가 되묻자, 친구 잭이 상세히 설명해 주었습니다.

"그래. 시험을 칠 때 시험관이 끈에 묶인 짐을 한 덩어리 줘. 그 끈을 풀어서 안에 있는 물건을 살펴봐야 해. 그런데 매우 복잡하고 단단히 묶여있어서 끈을 푸는 것이 절대 쉽지 않아."

잭은 많은 사람들이 이 과목에서 실패했다고 말했습니다.

또 다른 친구 토마스도 그 말에 고개를 끄덕이며 말했어요.

"나도 다른 과목에서는 좋은 성적을 받았어. 하지만 끈을 풀지 못해서 결국 탈락했지."

토마스의 말을 들은 잭은 더욱 놀랐어요.

"아니 토마스, 너처럼 똑똑하기로 소문난 인재도 떨어진다고?"

피터의 집은 가난했어요.

부모님은 가족들을 위해서 온갖 일을 마다하지 않지만 돈은 늘 모자랐죠.

그런 부모님을 위해서라도 피터는 꼭 카네기의 철강 회사에 취업해야만 했어요.

피터는 단단히 마음의 준비를 하고는 직원 채용 시험을 보러 갔습니다.

아니나 다를까, 몇 가지 어려운 문제를 푸는 시험을 치르고 나자, 시험관은 피터의 앞에 짐을 한 덩어리 놓았습니다.

질긴 노끈으로 복잡하고 단단히 묶인 짐 뭉치였어요.

"이제 그 짐 속에 있는 물건을 확인해서 무엇이 들어있는지 종이에 써서 제출하세요."

피터는 짐이 자기 앞에 놓이자마자 두 손으로 끈을 풀기 시작했습니다.

하지만 끈은 정말 단단하게 묶여 있어서 무슨 수를 써도 풀리지 않았습니다.

끈 자체도 가늘고 질긴 노끈이어서 손톱도 아프고, 풀면 풀수록 오히려 점점 엉키는 것만 같았어요.

옆을 보니 다른 사람들도 끈을 풀지 못해 진땀을 흘리고 있었습니다.

그 순간 피터의 머릿속에 한 가지 아이디어가 떠올랐습니다.

"시험관이 짐 속에 있는 물건을 확인하라고 했지. 끈을 풀라는 말은 안 했잖아?"

피터는 끈을 푸는 건 중요하지 않다고 결론을 내렸어요.

그리곤 가위로 끈을 싹둑 잘라버렸습니다.

피터는 마침내 짐을 풀어 헤쳐 안에 든 물건을 확인했어요.

그러자 시험장 앞에서 이를 지켜보던 노신사가 입을 열었습니다.

"끈을 잘라서 짐을 풀어헤친 저 젊은이를 합격시키시오. 불필요한 생각을 버리고 꼭 필요한 생각만을 하는 저 사람이 우리 회사에 필요한 인재요."

그 노신사는 카네기였습니다.

우리는 많은 생각을 합니다. 카네기의 철강 회사에 취업하기 위해서 노력하는 잭처럼 말이지요. 잭은 취업하기 위해서 시험 문제를 풀고, 또 짐 안에 있는 물건을 확인하려는 생각을 하지요. 다음과 같이 말이에요.

현안 : 이 짐의 끈을 어떻게 풀어야 할까?
주장 : 이렇게 풀어야 한다. (잘 안된다)
근거 : 왜냐하면 끈이 이런저런 방식으로 묶여 있기 때문이다.

여기에서 논리의 출발점인 근거는 눈에 보이는 그대로예요. 거기에서 주장이 나오죠. 어떤 식으로 끈을 풀어야 하는지 말이에요.
물론 쉽지 않습니다. 그런 주장에 따라서 끈을 풀어보니 잘 안되는 거죠. 이 생각은 모두 현안에 있는 문제를 풀기 위한 것입니다.

그런데 만약 현안이 잘못되었다면 어떨까요? 만약 현안이 불필요한 생각이라면요? 피터의 이야기에서는, 끈을 풀어야 한다는 현안이 불필요한 것이었어요.

그럼 불필요한 생각은 어떤 생각일까요?
그것은 '목적'에 맞지 않는 생각입니다.
피터는 철강 회사에 취업하려고 합니다. 그러기 위해서는 짐 안에 있는 물건을 확인해야 해요. 이것이 목적이지요.
물건을 확인하려는데 짐이 노끈으로 묶여 있습니다. 이 끈을 풀기 어렵다면 잘라도 됩니다.
왜냐하면 끈을 자르든 풀든 짐만 확인하면 되기 때문입니다.
중요한 것은 목적, 즉 짐 안의 물건을 확인하는 거예요.

이와 같이 우리의 생각은 항상 목적을 가지고 있습니다.
그런데 많은 사람들이 때때로 목적에 맞지 않는 생각을 합니다.
학교에 가야 하는데, 이 길로 갈까 저 길로 갈까 고민한 적이 있지 않나요?
친구에게 선물을 주고 싶은데, 비싼 물건을 살 돈이 없어서 고민한 적이 있나요?
어쩌면 그런 생각들이 불필요한 것일지도 몰라요. 학교에 가기만 한다면 어느 길로 가도 될 거예요. 친구에게 선물을 주려 한다면, 비싼 물건이 아니라 친구를 생각하는 마음이 중요할 거예요.

목적에 맞지 않는 불필요한 생각을 버리는 것, 이것도 매우 중요한 논리적 사고의 힘이랍니다.

다음 친구들 세 명이 더욱 친하게 지내기 위해 '아사달'이라는 모임을 만들기로 했어요.
이들의 대화를 보고 ①~③ 중 어떤 충고를 해주어야 할지 골라 보세요.

길동 : 친목 모임 '아사달'의 규칙을 만들자.
논개 : 그래. 모임이 잘 유지되어 우정을 나누기 위해서는 규칙이 필요해.
을지 : 맞아. 가장 먼저 생각해야 하는 것은 회비에 대한 규칙이야.
길동 : 글쎄? 회비에 대한 규칙보다는 회장 선출 규칙이 더 중요해.
논개 : 회장 선출을 위해서는 투표 규칙이 필요하겠군.
을지 : 회비 규칙을 더 먼저 정해야 해. 회비가 있어야 모임을 하면서 간식도 사 먹을 수 있기 때문이야.
길동 : 간식이 모임에서 가장 중요하다는 것은 잘못된 생각이야. 투표 방식이 더 중요해.
논개 : 투표 방식이 더 중요하다고 생각하는 논리적 근거는 뭐야?
을지 : 거기에 논리적 근거가 있을 리 없어. 간식도 없이 모임이 이루어질 수 없단 말이야.

가능한 충고들
① 좋은 규칙에 대해서 먼저 알아보고 논의를 하도록 하렴.
② 너희가 원래 왜 모임을 만들려는 지를 생각해 보렴.
③ 서로의 근거가 타당한지를 살펴보렴.

답 : ② 너희가 원래 왜 모임을 만들려는 지를 생각해 보렴.

지금 가장 큰 문제는 '서로 친해지기 위해' 모임을 만들면서 모임의 규칙 때문에 '서로 다툰다'는 것입니다. 이때 상세한 논리를 따지기보다는 왜 서로 논리적으로 따지는지 그 목적을 생각하는 것이 더 중요해요. 논리적인 사고력을 키우는데 '목적'이 중요한 이유를 여기서도 알 수 있죠.

EPILOGUE

무엇이든 잘 하고 싶어!
생각의 힘

시우는 깜짝 놀랐어요.

눈앞에 요정이 나타났기 때문이에요.

등에 날개가 달렸고, 온몸에서 빛이 나는 요정이었어요.

그 요정의 몸집은 아기보다도 작았지만 살아있는 인형처럼 아름다웠지요.

시우가 요정을 만난 것은 우연이었어요.

시우는 아빠의 서재에서 낡은 책을 한 권 발견했습니다.

그 책 틈에는 낡아서 색이 바랜 쪽지가 하나 있었어요.

쪽지를 펼쳐 보니 다음과 같이 짤막한 글이 적혀 있었습니다.

> 이 주문을 말하라.
> 그러면 요정이 나타나서 한 가지 질문에 답을 줄 것이다.
> "가장 강한 힘은 논리"

시우는 논리가 무엇인지 잘 몰랐지만, '강한 힘'이라는 말은 마음에 쏙 들었어요.

그래서 그 주문을 읽었어요.

그러자 정말 자기 앞에 요정이 뿅 하고 나타난 거죠.

"난 생각의 요정이야. 네 질문은 뭐니?"

요정의 갑작스런 물음에 시우는 뭐라고 해야 할지 몰랐어요.

"잠깐만 기다려줘. 내가 묻고 싶은 것이 뭔지 생각해 볼게."

"그러렴."

시우는 물어보고 싶은 것이 정말 많았어요.

하지만 단 하나만 물어야 한다는 것을 알고 있었죠.

그러니까 가장 중요한 것을 물어보고 싶었어요.

한참을 생각한 끝에 시우는 가장 마음에 드는 질문을 찾아냈답니다.
"내가 궁금한 것을 찾았어."
"그게 뭐야? 내가 얼마든지 알려줄게."
"나는 뭐든 잘 하고 싶어. 그러려면 어떻게 해야 해?"
그 말을 들은 요정이 빙긋 웃었습니다.
"넌 참 욕심꾸러기구나. 하지만 그건 좋은 욕심이야."
요정이 칭찬하며 말했습니다.
"그걸 알려면, 네가 원하는 것을 잘 하는 동물들에게 직접 물어보는 게 좋겠어. 내가 마법의 힘으로 널 데려다줄게."

요정의 대답은 정말 신비로웠어요.
듣고 보니, 여러 동물들에게 직접 물어보고 답을 들으면 참 재미있겠다는 생각이 들었죠.
"이제 잘 하고 싶은 걸 하나씩 얘기해 봐."
"나는 말처럼 빨리 달리고 싶어."
"좋아. 그럼 말에게 물어보자."
요정이 말했어요.

그리곤 눈부신 빛이 뿜어져 나오더니 시우는 어느새 요정과 함께 말이 있는 초원에 서 있었어요.

"내가 어떻게 빨리 달릴 수 있냐고? 그 비결은 바로 매일 열심히 달리는 거야. 아주 힘든 일이지."

시우의 질문을 이미 알고 있었는지, 말이 시우에게 대답했어요.

시우는 말이 사람처럼 대답해 주는 게 너무도 신기했어요.

물론 요정의 마법 덕분이었지만요.

그때 옆에 있던 다른 말이 대답했어요.

"그런데, 우리보다도 빨리 달리는 동물을 봤어. 그건 사람이야."

"그래 맞아. 사람은 자동차를 만들어서 우리가 절대 따라갈 수 없을 만큼 빨리 달리지."

"우리는 사람처럼 자동차를 만들 수 없다니 정말 아쉬워."

그러자 시우가 물었어요.

"너희는 왜 자동차를 못 만드는데?"

"우리에겐 사람처럼 생각하는 힘이 부족하거든."

시우는 말의 이야기를 듣고 생각에 잠겼어요.

그때 요정이 다시 물었죠.

"또 어떤 것을 잘 하고 싶니?"

"새처럼 하늘을 날 수 있었으면 좋겠어."

그러자 시우의 몸이 하늘로 둥실 떠올랐습니다.

시우 옆에는 아름다운 새들이 이리저리 날아다니고 있었지요.

"비둘기야. 어떻게 하면 너처럼 그렇게 잘 날 수 있니?"

시우가 묻자 비둘기가 대답했어요.

"우선 날개를 키우고 몸을 가볍게 만들어야 해. 그런 다음엔 가슴의 힘을 키워 힘껏 날갯짓을 하면 되지."

그때 기러기떼가 시우와 비둘기 옆을 날아가며 말했죠.

"하지만 우리 새들보다 더 빨리, 그리고 더 멀리 나는 동물이 있어. 그건 사람이야."

"그래 맞아. 사람이 만든 비행기는 우리보다 훨씬 빠르고 더 멀리 날아가지."

"우리에겐 사람처럼 비행기를 만들도록 생각하는 힘이 없어. 그래서 너무 아쉬워."

시우는 그 말을 듣고 허공에서 다시 생각에 잠겼어요.

"나는 사람이야. 하지만 내가 자동차나 비행기를 마음대로 타려면 부자가 되어야 해."

"그럼 시우 너를 부자에게 데려다줄게."

요정이 말을 마치자, 시우는 환한 빛과 함께 어느새 으리으리한 부잣집의 소파에 앉게 되었지요.

시우 앞에는 비싼 옷을 멋지게 차려입은 부자가 앉아 있었어요.

"부자가 되기 위해서는 무엇이 필요한지 궁금해요."

"그래? 내가 가장 중요한 것을 알려주지."

부자는 탁자 위의 차를 느긋하게 한 모금 마시며 말했어요.

"부자가 되기 위해서는 생각하는 힘이 필요하단다. 나는 뛰어난 사고력으로 좋은 사업거리를 찾아냈고, 사람들이 원하는 것을 알아냈으며, 많은 돈을 불리는 방법을 알아냈지."

부자도 말이나 새와 마찬가지로 '생각하는 힘'이란 말을 했어요.

"그럼, 생각의 힘을 키우면 무엇이든 잘 할 수 있는 거군요."

시우가 초원의 말과 허공의 새, 그리고 부자의 대답을 생각하면서 말했어요.

그러자 시우 앞에 앉아 있던 부자가 요정으로 변했어요.

시우가 앉아있던 거실도 아빠의 서재로 변했지요.

"그래 맞아. 시우 너처럼 모든 것을 잘 하고 싶다면 생각의 힘을 키워야 해. 그러면 말보다 빨리 달릴 수 있고, 새보다 빠르게 멀리 날 수 있으며, 돈을 많이 벌어 부자가 될 수 있어. 그뿐만 아니라 어떤 일이든 잘 해낼 수 있지."

시우도 요정이 하는 말이 마음에 와 닿았습니다.

"그렇구나. 그런데 생각의 힘을 키우려면 어떻게 해야 하는데?"

그러자 요정이 논리 책을 시우의 손에 꼬옥 쥐여주며 말했어요.

"생각의 힘을 키우기 위해서는 논리적인 사고를 해야 해. 이 책을 읽고 생각의 힘을 키우렴."

말을 마치자 요정이 사라졌어요.

시우는 요정의 말을 기억하면서 손에 든 논리 책을 펴서 읽어보기 시작했답니다.

LOGICAL THINKING EXERCISE NOTE

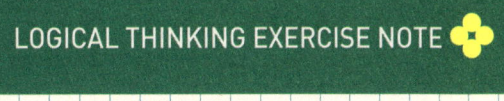

생각을 키우고, 문제를 해결하는 열쇠
초딩 인생 처음 논리

초판 1쇄 발행 2023년 9월 11일

지은이 | 이창후

펴낸이 | 박선영
디자인 · 일러스트 | 문수민, 고경서
책임편집 | 안지선

펴낸 곳 | 의미와 재미
출판신고 | 2019년 1월 30일 제2019-000034호
주소 | 서울시 서초구 방배천로 18길11, 106-1704
전화 | 02-6015-8381 **팩스** | 02-6015-8380
이메일 | book@meannfun.com

ⓒ이창후, 2023

ISBN 979-11-978972-6-9(73170)

* 이 책은 저작권법에 따라 보호받는 저작물이므로 무단 전재와 무단 복제를 금하며, 이 책 내용의 전부 또는 일부를 이용하시려면 반드시 저작권자와 출판사의 서면 동의를 받아야 합니다.
* 책값은 뒤표지에 있습니다.
* 잘못된 책은 구입처에서 바꿔드립니다.